나는 왜
이렇게
피곤하게
살까

지은이 **크리스텔 프티콜랭**Christel Petitcollin

프랑스의 심리 치료 전문가이자 강연가. 교류분석, 신경 언어 프로그래밍, 에릭슨 최면 요법, 프랭크 패럴리의 도발 치료 등을 공부하고 특히 정신적 과잉 활동과 심리 조종 메커니즘에 관한 탁월한 식견을 바탕으로 활발한 강연 및 집필 활동을 펼치고 있다. 30년간 심리 치료 전문가로 활동하며 인간관계, 자기 계발을 주제로 사람들과 소통해 왔으며, 심리적 균형 감각이 필요한 많은 사람에게 도움을 주고 있다. 지은 책으로는 베스트셀러 《나는 생각이 너무 많아》를 비롯해 《당신은 사람 보는 눈이 필요하군요》《나는 왜 네가 힘들까》《나는 왜 그에게 휘둘리는가》《나는 왜 사랑받지 못할까》 등이 있다.

《나는 왜 이렇게 피곤하게 살까》는 넘치는 생각과 감정 때문에 삶이 복잡한 사람들에게 '나다움'을 지키면서 현명하게 세상 사는 법'을 알려 주는 심리 나침반 같은 책이다.

옮긴이 **이세진**

서강대학교 철학과를 졸업하고 같은 학교 대학원에서 불문학 석사 학위를 받았다. 이후 전문 번역가로 활동 중이다. 옮긴 책으로는 《나는 생각이 너무 많아》《당신은 사람 보는 눈이 필요하군요》《나는 왜 네가 힘들까》《나는 왜 그에게 휘둘리는가》《모두가 세상을 똑같이 살지는 않아》《아직 오지 않은 날들을 위하여》《음악의 시학》《아노말리》 등이 있다.

J'ai pas les codes!: Comprendre enfin le monde qui nous entoure
By Christel Petitcollin

Copyright © Éditions Albin Michel, 2021
Korean edition copyright © Bookie Publishing House, Inc., 2023
All rights reserved.
This Korean edition published by arrangement with Éditions Albin Michel
through Shinwon Agency Co., Seoul.

넘치는 생각과 감정 때문에 골치 아픈
당신을 위한 세상살이 심리학

나는 왜 이렇게 피곤하게 살까

크리스텔
프티콜랭
지음

이세진
옮김

부·키

나는 왜 이렇게 피곤하게 살까

초판 1쇄 발행 2023년 10월 12일 | 초판 2쇄 발행 2023년 11월 24일

지은이 크리스텔 프티콜랭 | 옮긴이 이세진
발행인 박윤우
편집 김송은, 김유진, 성한경, 장미숙
마케팅 박서연, 이건희, 이영섭, 정미진
디자인 서혜진, 이세연
저작권 백은영, 유은지
경영지원 이지영, 주진호
발행처 부키(주)
출판신고 2012년 9월 27일
주소 서울시 마포구 양화로 125 경남관광빌딩 7층
전화 02-325-0846 | 팩스 02-325-0841
홈페이지 www.bookie.co.kr
이메일 webmaster@bookie.co.kr
ISBN 978-89-6051-996-1 03180

만든 사람들
편집 김송은 | 디자인 서혜진 | 표지 일러스트 김라온

정답은 어디에도 없으리라 포기했던 그 질문,
"나는 왜 이렇게 피곤하게 살까?"에 대한
명쾌하고 현명한 해답들

하루 종일 머릿속이 바쁘고 복잡한 신경비전형인의 삶은
유달리 피곤하다. 한편으론, 그래서 고독하다. 다른 사람들과
쉽게 융화되지 못함은 물론, 때론 내가 나를 이해할 수
없어서 고통받기도 한다. 그러나 삶을 서글프게 만드는 거대한
고독감 앞에서도 쉬이 움츠러들 필요는 없다. 저자의 말처럼,
어딘가 남다른 우리에겐 '힘'이 있다. '두렵고 황량한 내면의
공허를 머물러 쉴 수 있는 여백으로 바꿀 힘'이.
책장을 덮고 나니, "남들과 비슷해지고 싶다"는 가파른 욕망이
거짓말처럼 사그라드는 걸 느꼈다. 타인을 더 알고자 할수록
되레 그런 나를 더 깊이 들여다보게 되었다. 내가 나임을
죄악시했던 지난날들이 오히려 어색하게 느껴지기도 했다.
가장 자유로운 삶은 가장 나다운 삶이며, '나다움'에는 어떠한
가치 판단도 끼어들 수 없다는 걸 깨닫게 해 준 저자에게 깊은
감사를 전한다.

———————

정지음, 《젊은 ADHD의 슬픔》《오색 찬란 실패담》 저자

차례

친애하는 독자 여러분,

얼마 전, 나는 SNS에 게시물을 올려서 여러분께 도움을
청했습니다.

"다음 연구에 독자 여러분의 도움이 필요합니다. 누군가가
여러분에게 일반적 사고의 세계가 어떻게 돌아가는지 설명해
줄 수 있다면 들어보고 싶으신가요? 개인 메시지 주시면
감사하겠습니다."

많은 분이 메시지를 주셨고, 그 내용들은 대단히
건설적이었습니다. 다시 한번 크나큰 감사를 드리며, 이 책이
여러분의 기대를 잘 충족하고 여러분이 품고 있는 의문점에
답이 될 수 있기를 바랍니다. 나아가, 여러분이 미처 생각지
못한 지점까지 데려갈 수 있기를 바랍니다.

즐거운 독서가 되었으면 좋겠습니다.

드문드문 책을 읽는 독자분들께

나는 여러분이 이 책에 포함된 정보들을 자연스럽게 연결하고
이해하여 깨달음의 깊이를 차차 더하길 바랐기 때문에, 논리적이고
점진적인 과정에 맞게 내용을 구상했습니다. 그러니 이 책의 내용을
확실히 이해하고 싶다면 처음부터 순서대로 읽어 주세요!

Christel Petitcollin

크리스텔 프티콜랭

일러두기
주석과 참고 문헌에 인명 및 도서명 원어가 표기된 경우 그리고 국내
출간된 도서의 경우, 본문상에는 따로 원어를 병기하지 않았습니다.

나는 이따금 나와 동시대를 사는 이들의 몰이해에
부딪혔고 그때마다 지독한 의심에 빠지곤 했다.
나는 정말 이 행성 사람이 맞을까? 만약 그렇다면
그게 바로 저 사람들이 외계인이라는 증거가 아닐까?

―피에르 데프로주 Pierre Desproges

    나를 찾아오는 내담자들은 주로 자기가 "생각이 너무
많다"고 하소연한다. 그들은 공통점이 있다. 아주 예민하
고 반항적이며 사회성이 부족하다. 한편으론 창의적이고
감정이입을 잘하고 정이 많은 편이다. 또 남들에게 호의적
이지만 지나치게 감정적이라든가, 남의 일에 너무 신경을
쓴다든가, 남들을 선동한다는 비난을 자주 듣는다. 그들은
수시로 '동화 속에서 사는 사람' 취급을 당하며 그들의 친
절은 어리석음으로, 과민성은 연약함으로 동일시된다.

나는 그들의 성격적 특징을 잘 알게 되면서부터 일반적으로 이러한 주제를 다룰 때 으레 들먹이는 '영재' '높은 잠재력' 같은 용어를 의도적으로 배제했다. 내담자들도 그러한 용어를 불편해했다. 지능은 그들의 특징에서 일화적인 면에 불과하다. 그보다, 그들의 성격적 특징이 단순히 신경학적 특수성에서 비롯되었다는 것이 점차 밝혀지고 있다. 그 특수성이란 '감각 과민증'과 가지를 치며 뻗어 나가는 '복잡한 사고방식'이다. 현재 캐나다에서 일어난 '신경다양성' 운동 덕분에 '신경전형성'과 '신경비전형성' 같은 용어가 등장했다. 나는 이 신조어들이 일반화되어 '영재'와 같은 단어를 대체하기를 바란다. '영재'라는 단어가 암묵적으로 끌어들이는 위험을 피하기 위해 나 개인적으로 '정신적 과잉 활동인(신경비전형인)'이나 '일반 사고인(신경전형인)' 같은 용어를 만들기도 했고 여기서도 계속 쓸 생각이다. 나는 가치 판단이 개입되지 않은 용어를 쓰는 것이 중요하다고 본다. '정신적 과잉 활동인'은 머릿속이 복잡하게 과열되는 사람을 가리킬 뿐이다. '일반 사고인'도 사유의 방식이 일반적 규칙 체계에 맞는다는 의미밖에 없다. 반면, 정신적 과잉 활동인들은 이 규칙 체계에 명백히 맞지 않는다. 그들은 어디서나 밖으로 삐져나온다!

정신적 과잉 활동인들은 이러한 암묵적인 규칙 체계, 즉 사회의 코드를 이해하고 소화하는 데 어려움을 토로한다. 그들은 자주 불편함, 어색함, 다른 사람들과의 괴리감을 느끼지만 그 이유를 잘 파악하지 못한다. 하지만 그들도 자기가 실수를 하거나, 남들을 불편하게 하거나 어색하게 한 것은 충분히 느낄 수 있다. 참 피곤하고 사기 꺾이는 일이다.

내가 일반 사고인들의 코드 해독법에 대한 책을 써 볼까 했을 때, 많은 독자가 부디 좋은 책을 써 달라며 두 손을 모아 부탁했다. 나중에 내 생각의 갈래들이 차차 구체화되어 독자들에게 일부를 공개했을 때, 그들은 기쁨과 호기심으로 눈을 반짝이면서 이렇게 말했다. "아, 빨리 그다음도 읽고 싶어요!" 그래서 다시 한번, 여러분의 성원에 힘입어 펜을 들었다.

《나는 생각이 너무 많아》를 쓸 때는 이 복잡하고 톡톡 튀는 두뇌 사용 설명서를 간단하고 구체적으로 제시해 보고 싶었다. 당시의 대상 독자는 그러한 두뇌의 소유자와 그 주위 사람 양쪽 다였기 때문에 정신적 과잉 활동인과 일반 사고인을 모두 고려해서 책을 썼다. 나는 모두가 이 비전형적인 두뇌 활동에 대해서 쉽고 합리적인 설명을 얻고서 만족할 거라고 생각했다. 지나치게 순진했던 것이다. 신경전형인들도 이 감정적이고 희한한 사람들을 마침내 이해할 수 있게 되면 기뻐할 거라고, 그들의 우군이 되어 줄 거라고 생각했으니 말이다. 나는 오래 지나지 않아 환상에서 깨어났다.

《나는 생각이 너무 많아》를 읽은 일반 사고인은 많지 않았다. 물론 자기 자녀나 배우자를 이해하기 위해서 그 책을 읽은 사람들은 그들이 아끼고 사랑하는 그 사람이 일부러 예민하거나 감정적으로 구는 것이 아님을, 공연히 불안해하거나 산만한 것이 아님을 이해했다. 무엇보다, 정신적 과잉 활동인의 근본적 본성을 바꿀 수 없다는 것을 이해했다. 그렇게 서로를 받아들임으로써 그들의 관계, 공모, 애정은 더 깊어지고 안정화되었다. 어떤 커플은 정말로 다시 불이 붙었다고, 서로를 이해 못 한 채 지지고 볶고 30년을 살다가 이제야 비로소 사이가 좋아졌다고 했다. 상호 보완성을 되찾은 커플의 모습이 얼마나 아름다운지!

그러나 일반적 사고를 하는 사람들에게 정신적 과잉 활

동을 이해시키는 것을 우선시했다는 점에서 나는 실수를 했다. 정신적 과잉 활동인들은 대부분 이런 실수를 한다. 그들은 마침내 일반 사고인들에게 이해받을 수 있으리라 희망을 품지만 대부분의 경우 그 희망은 물거품이 된다. 그들은 자기가 누구인지, 자신의 두뇌가 어떤 식으로 돌아가는지를 이해시키느라 엄청난 에너지를 소진하지만 결국 돌아오는 것은 찬물 끼얹는 이런 반응이다. "이 책은 그냥 마케팅의 산물이야. 네가 듣고 싶어 하는 이야기를 해주지. 누구나 조금은 자기 이야기라고 느낄 수 있게 쓴 책이라고." 아니, 절대로 그렇지 않다. 하지만 이런 말은 토론을 차단하고 정신적 과잉 활동인의 머릿속에 의심의 씨앗을 뿌린다. 정신적 과잉 활동인은 그 말을 두고두고 곱씹을 것이다.

같은 맥락에서, 최근에 내가 시몽이라는 독자에게 받은 메일을 보자.

안녕하세요.

선생님의 책 《나는 생각이 너무 많아》를 읽고 제 문제를 이해하는 데 큰 도움을 받았습니다. 선생님의 긍정적인 접근이 무척 고마웠습니다. 저는 선생님이 《나는 생각이 너무 많아》와 비슷하지만 '일반 사고인'을 대상으로 하는, 이를테면 '생각이 너무 많은 사람을 대하는 법' 유의 책을 써 주셨으면 좋겠어요. 물론 책 내용이 그들에게 이해 가능한 것이어야겠지만요. 선생님은 하실 수 있을 겁니다(그들이 책을 한두 장 읽고 바로 내팽개치는 일은 없도록……). 산타 할아버지에게나 보낼 법한 편지로 선생님께 너무 부담을 드리는 게 아닌가 모르겠습니다. 다시 한 번 좋은 책을 써 주셔서 감사하고 건필을 기원합니다.

시몽

나는 시몽의 메일에서 여러분이 자주 하는 생각들을 읽을 수 있었다.

◆ 타인에게 이해받고 싶다는 바람
◆ 일반 사고인들이 그러한 이해에 도달하기 쉽지 않을 거라는 선견지명
◆ '일반 사고인들이 책을 한두 장 읽고 바로 내팽개칠' 확률이 매우 높다는 인식

- 일반 사고인들이 이해할 수 있는 내용을 제시하기만 하면 될 거라는 순진한 믿음
- 자신의 희망이 산타 할아버지에게 보내는 편지만큼 지나치게 이상적이라는 직관적 앎

내가 시몽에게 보낸 답장은 여러분 모두에게 하고 싶은 이야기이기도 하다.

메일을 보내주셔서 고맙습니다. 시몽이 산타 할아버지에게 편지를 보낸다면 그 이유는 일반 사고인도 정신적 과잉 활동인에게 관심이 있을 거라고 생각하기 때문이겠지요. 일반 사고인은 내 책을 한두 장 읽고 내팽개치지 않아요. 아예 처음부터 펴 보지도 않을 테니까요. 그들의 모토는 이런 겁니다. 개인이 사회에 적응해야지, 사회가 개인에게 적응하는 게 아니다. 자기 자리를 잘 지키면 다 잘될 거다.

그래서 나는 오히려 정신적 과잉 활동인들에게 일반 사고인들의 세상이 어떻게 돌아가는지, 그들의 가치관은 어떠한지 설명하는 책을 쓰고 싶네요. 정신적 과잉 활

동인들이 즐겁게 읽어 줄지는 모르겠지만 그들에게 매우

유용한 책이 될 거라 믿어요!

　크리스텔 프티콜랭

요 몇 년 사이에 나는 여러 권의 책을 통해 나의 발견과

생각을 피력했다. 나는 척후병처럼, 선발대처럼, 수풀을 헤

치며 몇 걸음 앞서 나가는 큰누나처럼 독자들에게 하나하

나 정보를 전달했다. 그러므로 여러분은 이미 나의 전작들

을 통해서 보통 사람들의 세상을 이해하는 실마리들을 얻

었을 것이다. 나는 정보가 주어지는 족족 연결 짓는 여러

분의 성향에 익숙하기 때문에 여러분이 상황을 새롭게 이

해하기만 해도 좀 더 잘 적응할 수 있을 거라고, 특히 직장

생활을 좀 더 원만하게 할 수 있을 거라고 생각했다. 나의

독자들은 자신들의 차이를 이해하고 평안하게 살 수 있으

리라 생각했다. 하지만 그간의 경험을 통해서 그렇지 않다

는 것을 알았다. 타인의 두뇌 활동을 이해하는 일은 여러

분에게도 쉽지 않다. 사실, 정신적 과잉 활동인들도 일반

사고인들처럼 자신의 사고 체계에 매여 있기는 마찬가지

이고 그들과 정확히 똑같은 실수를 저지른다. 누구나 자기

와 다른 패러다임에 따라 생각하고 성찰하고 행동하는 사람들에게까지 자신의 기준을 적용한다.

신경비전형성을 보통 사람들에게 이해시키려 노력하는 책들은 그동안 엄청나게 쏟아져 나왔지만 학교나 기업 차원에서 약간의 개선을 불러왔을 뿐 거의 실효를 거두지 못했다. 나는 매우 조심스러운 입장에서 앞으로 어떤 양상이 펼쳐질지 지켜보고 있다. 기업들이 정말로, 진심을 담아, 차이를 존중하고 싶어 할까? 아니면 단지 기업 홍보 차원에서 변화에 열려 있는 척하는 걸까? 두고 보면 알 일이다. 하지만 신경전형인들만 여러분을 이해하려고 노력해야 할까? 시몽의 요청과 이 주제에 대한 출판물들도 이러한 방향에 역점을 둔다. 신경비전형성 이해하기, 영재 이해하기, 과민성 이해하기……. 신경 언어 프로그래밍NLP에서는 이렇게 말한다. "여러분이 해 봤는데 안 되면 바꿔야 한다. 다른 걸 해 보라." 사실, 할 만큼 했는데도 통하지 않는 방법을 계속 고집하는 것은 어리석다.

그래서 나는 다른 방향을 생각해 봤다. 객관적으로 이 상호 몰이해에 더 크게 고통받는 쪽은 정신적 과잉 활동인들이다. 더구나 그들은 수적으로도 열세다. 그러므로 그들쪽에서 좀 더 노력을 해야 한다. 나는 접근 방향을 바꿈으로써 문제를 다른 시각에서 볼 수 있었다. 해결책을 원하는 독자들에게 일반 사고인 세계의 코드를, (보통 사람들은 너무 당연하기 때문에 굳이 말로 설명하지 않지만) 여러분은 으레 놓치는 암묵적 규칙을, 여러분이 저지르는 실언이나 실수의 의미를 설명하게 되었다.

　일반 사고인들의 문화에는 그 나름의 코드가 있다. 그 나름의 논리와 가치 체계도 있다. 모든 문화가 그렇듯 이 문화에도 강점과 약점이 있고, 유효성을 영원히 잃지 않는 창립 신화와 일종의 지혜가 있다. 물론 특유의 한계와 부조리도 있다. 정신적 과잉 활동인들은 이 문화에 자주 부딪히고 반항한다. 하지만 그가 이 문화에서 감지하는 부분은 어쨌든 빙산의 일각일 뿐이다. 어떤 문화의 코드를 알고 이해한다는 것이 곧 그 문화의 모든 것을 받아들이고 채택한다는 뜻은 아니다. 다만 코드를 알고 나면, 일반 사고인들의 세계에서 툭하면 몰이해의 암초에 부딪히는 사고를 요령 있게 피하면서 항해를 할 수 있다. 또한 그러한 앎은 새로운 사유의 가능성, 좋은 것은 취하고 나머지는 버릴 수 있는 가능성을 열어 준다. 일반 사고인들의 세상에도 본받고 따를 만한 면이 있다. 내가 여러분에게 제안하는 것들 가운데 어떤 것은 결코 여러분 마음에 들지 않겠지만 여러분이 현 세상에서 바뀌기를 바라는 것이 무엇인지 더욱 또렷이 깨닫게 할 것이다.

　나 또한 정신적 과잉 활동인이다. 저자로서 중립을 지키고 싶어서 이 점을 명확히 밝히지 않았는데 그 결정이 이후 내 행보에 그렇게 영향을 미칠 줄은 몰랐다. 내가 말하지 않아도 독자들은 알 거라고, 내가 그들의 사고방식을 이토록 훤히 꿰고 있으니 당연히 같은 부류로 알아볼 거라고 생각했다. 나는 "깔때기(정신적 과잉 활동인의 사고방식)를 파이프(일반 사고인의 사고방식)에 집어 넣을 순 없다"고 말해 왔다. 깔때기는 깔때기와 맞물리는 법이다. 어떤 사람들은 내가 정신적 과잉 활동인을 잘 이해하고 있다는 사실만으로도 나 역시 신경비전형인임을 알아보기에 충분했지만 또 다른 사람들은 그렇지 않았다. 그건 내가 예상하지 못했던 부분이었다. 되레 선생님은 일반 사고인인데 어떻게 정신적 과잉 활동인에 관해 그 정도의 이해에 도달할 수 있었냐는 메시지를 받기도 했다. 나는 그러한 오해에서 비롯된 경탄이 불편했다. 하지만 이 의도치 않은 기만이 어떤 영향을 미치는지 깨닫게 된 것은 훨씬 더 나중의 일이다. 나의 가짜 중립성은 여러분에게―시몽의 경우처럼―일반 사고인도 정신적 과잉 활동인을 온전히 이해할 수 있다는 잘못된 믿음을 심었다. 더 심하게는, 일반 사고인도 정신적 과잉 활동인을 연구할 거라 생각하는 이들도 있었다. 안타깝게도 지금은 나도 그렇지 않다는 걸 안다. 이 책을 끝까지 읽는다면 내가 왜 이렇게 말하는지 알게 될 것이다.

나 역시 정신적 과잉 활동인이기에 지금은 여러분에게 설명할 수 있는 이 일반적인 코드와 암묵적 합의를 처음에는 잘 몰랐다. 심지어 지금도 다 이해하고 있다고 생각하지 않는다. 그렇지만 일반 사고인들이 나보다 더 잘 설명할 수 있다고 생각하지도 않는다. 그들에겐 너무 당연하거나 무의식적으로 이미 알고 있는 것이기 때문이다. 나는 다시 한번 척후병의 자세로 출발했다. 이해로 나아가는 과정은 크나큰 즐거움이자 진정한 보물찾기였다. 그리고 놀라움의 연속이기도 했다. 내가 퍼뜩 깨닫게 된 것, 갑자기 눈 뜨게 된 것들로 여러분을 깜짝 놀라게 할 생각을 하니 미리부터 웃음이 났다. 나는 정보 바구니를 풍성하게 채웠고 늘 그래 왔듯이 이제 내가 관찰하고 이해하고 추론하고 종합한 모든 것을 여러분과 공유하려 한다. 나의 모든 발견을 일관된 사유 체계, 다시 말해 내가 생각하는 신경전형적 논리에 걸맞게 한데 모으고 구조화했다.

신경 언어 프로그래밍에서 말하는 소통은 '타자를 그 사람의 세계 모형 안에서 만나는 것'이다. 나는 바로 이러한 만남을 이제 여러분에게 제안한다.

그러니 일반 사고인들의 세상으로 여행을 떠나 보자!

×

◆

×

신경비전형인들을 상대로 신경전형인들의 세상에서 이
해하기 힘든 것이 무엇인지 간단한 자체 설문조사를 했을
때, 유독 많이 나온 답변이 있었다. 왜 사람들이 평소에 그
렇게 따분하고 지루한 대화를 하는지 모르겠다나!

여러분은 무미건조한 수다나 알맹이 없는 대화, 피곤하
고 답 없는 화제로 시간 죽이는 것을 이해할 수 없다고, 그
럴 때마다 진이 다 빠진다고 호소했다. 딱히 어떻게 되든
상관없는 일들에 대해서 판에 박힌 비생산적 대화를 왜 해
야 한단 말인가. 여러분은 내게 말했다. "저는요, 내용도 없
이 그저 말하기 위해 떠드는 걸 잘 못해요. 지겨워 못 참겠
어요. 대화 도중에 막 소리를 질러 버리고 싶다니까요." 그

러므로 우리는 이 '소통'이라는 측면을 출발점 삼아 일반 사고인들의 세상을 여행해 보는 것이 어떨까.

여러분이 알맹이 없는 대화를 묘사하면서 사용하는 단어들은 웬만큼 정해져 있다. 지루하다, 지겹다, 피곤하다, 단조롭다, 부질없다, 공허하다…… 그리고 (특히) 참을 수가 없다! 나는 그런 대화를 이렇게 생각해 보라고 제안한다. 차분하다, 평온하다, 안정감 있다, 편하다…… 그리고 (특히) 무해하다! 사실, 다양한 화제를 깊이 파고들지 않고 표면만 건드리는 대화는 골치 아픈 문제를 일으키지 않는다는 장점이 있다. 이것이 대다수에게 묻어갈 때의 가장 주요한 점이다.

일단 다툼은 피하고 볼 일

친구들과의 저녁 식사 자리에서, 평소 사람 좋은 친구 하나가 그날은 무슨 일이 있었는지 술을 취할 정도로 마셨다. 그러더니 갑자기 어느 유명 가수를 헐뜯기 시작했다. 이미 돈도 벌 만큼 벌었으면서 이번에 또 '수금을 하려고'

감상적이기 짝이 없는 노래를 들고나왔다나. 그런 기회주의적 졸작을 발표한 것은 팬들을 우롱한 처사라고까지 했다. 나는 어리석게도 그 친구가 심하게 취했다는 것을 알면서도 원래 대중가요의 목적이 감정을 자극하는 거 아니겠냐고 맞받아쳤다. 상대는 그냥 물러서지 않았다. 그런 건 대중예술도 아니고 그냥 상업 활동일 뿐이라나. 내가 말을 많이 하면 할수록 상대는 더 흥분했다. 보다 못한 그날 모임 주최자가 슬그머니 나서서 농담 한마디를 툭 던지며 교묘하게 화제를 전환했다. 나와 얘기할 때는 점점 더 언성이 높아졌던 친구가 곧바로 차분해졌다. 그 자리에서 내가 배운 바가 있다. 내 말이 맞고 틀렸고는 전혀 중요하지 않다.

　다소 중요한 주제, 이를테면 교육, 정치, 기후, 부의 재분배에 대해서 토론을 한다고 치자. 어떤 상황이 벌어질지 예상되는가? 우리는 모두 그 주제에 대해서 감정적으로든 이성적으로든 자기 의견이 있다. 나는 내 의견이 중요하다. 내 의견이니까 당연하다. 하지만 다른 사람들도 자기 의견이 중요하기는 마찬가지다. 그래서 서로 몇 마디 쏘아붙이다 보면 난투극까지 가고 만다. 여러분은 정말로 서로 설득을 할 수 있다고 보는가? 만약 그렇게 생각한다면 오산이다. 연구자들도 역逆선전은 오히려 처음에 가졌던 생각을 강화하는 효과밖에 없다고 확인해 주었다.[1] 분위기를 해치고 사람들 간의 관계를 망가뜨릴 뿐이라면 논쟁이 무슨 소용 있을까? 그렇기 때문에 논란이 커지기 쉬운 주제는 건드리지 않고 변죽만 울리는 것이다. 어쨌든, 그 가수가 달콤하고 감상적인 노래로 엄청난 돈을 벌어들이는 건 엄연한 사실 아닌가!

　게다가 여러분은 아마 온라인상의 도 넘는 댓글에 가장 먼저 분노하는 사람일 것이다. 담백하고 무해한 글을 게시하면 누구나 '좋아요'를 누를 수 있고 아무도 마음 상하지 않는다. 중립적인 대화의 정신이 바로 그런 것이다.

분위기 무겁게 만들지 않기

　정신적 과잉 활동인들은 무해하지만 알맹이 없는 대화를 좋아하지 않기 때문에 '지나치게 무거운' 주제를 꺼내는 경향이 있다. 그들 딴에는 인생의 끝, 환경, 엘리트 계층의 부패 등에 대해서 '진짜' 대화다운 대화를 해 보겠다는 심산이다. 하지만 편안하게 바비큐를 즐기려고 온 손님들 입장에선, 진지한 주제에 이렇게 혼자 흥분하는 사람은 귀찮기만 하다.

내 경우, 누가 내 직업을 먼저 물어보더라도 너무 곧이곧대로 답하기 시작하면 그날 모임 내내 분위기가 얼어붙는다는 걸 안다. 상대의 측은지심을 악용하여 자기 잇속을 챙기는 사람, 즉 심리 조종자와 그들이 불러일으키는 불행에 대한 이야기만 줄줄이 이어지기 때문이다. 모임은 내가 모든 손님에게 무료로 상담해 주는 시간 비슷하게 흘러간다. 누구나 자기 삶을 갉아 먹는 심리 조종자를 적어도 한 명쯤은 알고 있기 마련이니까. 결국 나는 놀러 간 자리에서 일만 하다 온다! 상황이 왜 그렇게 되는지 내가 이해하기까지는 시간이 좀 걸렸다. 지금은 질문을 받으면 슬쩍회피하면서 화제를 바꾼다. "아, 오늘 저녁은 일 생각 하기싫어요! 다 내려놓고 놀러 왔어요." 회계 일을 하는 친구는내게 이렇게 말했다. "너도 그냥 회계 일 한다고 해! 그러면아무도 더 이상 궁금해하지 않아!" 글쎄, 아직 시험해 보지는 않았다.

감정을 전염시키지 말 것

나는 여러 해 동안 기업인 네트워크를 중심으로 강연을 했다. 기존 구성원들끼리 잘 아는 집단들의 초청을 받아 프랑스 방방곡곡을 다녔다. 나는 그러한 워크숍의 친밀한 분위기를 무척 좋아했다. 그들에게는 공통의 가치관이 있었고—특히 인본주의 경영이라든가—개인으로 봐도 다 좋은 사람들이었지만 무엇보다 그들 사이의 따뜻한 교류에는 뭔가 다른 것이 있었다. 나는 잠시 쉬는 시간에 커피를 마시며 그들을 관찰했다. 대화에 귀를 기울이며 그들의 유대감이 무엇으로 구성되는지 알아내려 했다. 대화는 평범하고 무해하며 친근했다. 비결이 뭘까! 하루는, 내가 특별히 돈독하다고 느꼈던 집단의 한 구성원에게 최근 선거에 대해서 물었다. 바로 직전 일요일에 이루어진 지방자치단체 선거에서 그녀가 시의원에 입후보해서 선거 운동을 했기 때문이다. 그녀는 선거에서 졌다고 말하며 경쟁 후보가 지독한 네거티브 선거 운동으로 일관했다고 울분을 토했다. 언어폭력에 시달리고 원통해하는 그녀는 아직도 마음을 다스리지 못하고 있었다. 그런데 다른 사람들은 다음번에 좋은 결과가 있을 거라고 태평하게 말하고는 얼른 다른 얘기로 넘어갔다. 그녀는 당장이라도 눈물을 쏟을 것처럼 보였지만 이내 감정을 추스르더니 얼마 지나지 않아 개인 감정을 차단하고 전체 토론에 참여했다. 그 순간 나는 다른 사람들이 너무 매몰찬 게 아닌가, 그녀를 좀 더 배려해 줘도 되는 거 아닌가 생각했다. 여러분이 그 자리에 있었어도 그렇게 생각할 것이다. 그녀의 이야기를 좀 더 들어주고, 그녀가 눈물을 쏟아도 기다려 주고, 따뜻한 말로 위로하고, 어쩌면 경우 없는 그 경쟁 후보를 함께 시원하게 욕해 줄 것이다. 그런데 워크숍은 그럴 자리가 아니었다. 만약 그랬다면 하루 종일 분위기가 무거웠을 것이다. 나는 나중에야 깨달았다. 그게 바로 그 집단의 장점이었다. 각자가 안고 있는 근심에 얽매이지 않고 그들이 마련한 '결단의 워크숍'이라는 장에 직업적 관심을 집중시키는 역량이라고나 할까. 사실, 그들은 모두 차분하고 유쾌하면서도 거리낌 없는 분위기를 조성하기 위해 신경 쓰고 있었다.

크리스토프 마에Christophe Maé의 〈예술가의 삶La Vie d'artiste〉이라는 아름다운 노래를 들어 보라.

인생은 무대, 나는 공연을 하네.

나는 장애물은 있어도 모든 것은 흘러간다고 말하지.

엄마는 말씀하셨어. 가방을 너무 비우지 마라, 아가.

절대로 울지 말렴, 그게 요령이란다.

웃으렴, 더 이상 슬퍼지지 않게.

위장을 하면 돼, 우리는 모두 예술가야.

　더욱이 "잘 지내지?"라는 안부 인사도 일반 사고인과 정신적 과잉 활동인 사이의 주요한 걸림돌이 되곤 한다. 정신적 과잉 활동인들은 왜 사람들이 "잘 지내지?"라고 물어놓고 정작 잘 지내지 못하는 사정을 털어놓으면 귀담아듣지 않는지 의아해한다. 크리스토프 마에의 노래처럼, 실제로 정말 궁금해서 하는 질문이 아니라는 점을 이해해야 한다. 이건 그냥 화법일 뿐이다. 다짜고짜 본론으로 들어갈 수 없으니까 대화의 물꼬를 트기 위해 던지는 인사말이다. 이건 위선이 아니라 예의다. 그리고 예의상 이 물음에 맞는 대답은 "그럼, 잘 지내지. 고마워!"이지, 기회는 이때다 싶어서 요즘 느끼는 자신의 어려움을 구구절절 늘어놓아서는 안 된다. 개인적인 문제로 상대에게 부담을 주어서는 안 된다. 크리스토프 마에의 엄마 말이 옳다. 가방 속에 든 것을 너무 많이 쏟아내지 말고, 눈물을 감추고, 요령 있게 굴어야 한다. 그러니까 누군가가 "잘 지내지?"라고 물어보면 그 물음을 여러분에게 계기를 던져 주는 마법의 주문처럼 여겨 보라. '일어서서 심호흡을 할 때야. 내 마음 상태는 한쪽으로 제쳐 놓고 호의적이지만 중립적인 태도로 대화에 들어가 보는 거야.'

한 책에 따르면, 관리자 양성 과정에서 감정을 배제하기 위해 사용하는 방법 중 하나가 하루를 '감정 일기 예보'로 시작하는 것이라고 한다. 참석자들은 돌아가면서 간단히 "나는 오늘 맑음(흐림/안개/뇌우)입니다. 그 이유는……"이라고 말한다. 이로써 자신의 기분을 내려놓고 그다음에는 다른 사안에 집중할 수 있다. 감정 일기 예보는 유치원에서도 적용할 수 있고 직장에서도 효율적으로 활용 가능한 강력한 도구다. 집단 내 감정 전염은 우울, 공포, 나아가 집단적 공황이나 분노 등 부정적 영향을 미칠 수도 있고 행복감이나 환희와 같은 긍정적 영향을 미칠 수도 있다.[2] 감정 전염은 군중의 움직임을 통제 불가능하게 한다. 그러니 우리는 서로 마음 상태를 전염시키지 않도록 힘써야 한다.

"잘 지내?"

"응, 잘 지내, 고마워! 너는?"

"나도 잘 지내."

문제없는 사람은 없다

어떤 남자가 고층 빌딩에서 뛰어내렸다. 남자는 10층을 지나면서 생각했다. "휴! 여기까진 괜찮네." 우리는 매 순간 내가 어떻게 될지 궁금해한다. 내 삶의 긍정적 측면에 집중하면(그런 면은 언제나 찾아볼 수 있다) 잘되겠지만 일시적 곤란과 당장의 마음 상태에 몰두하면 잘될 일도 안 된다는 것을 객관적으로 알 수 있다. 신경전형인들은 불행과 행복을 판단할 때 눈앞의 상황에서 충분히 거리를 두고 지혜를 발휘하여 생각해 보는 것 같다. '괜찮아, 잘되어 가. 그리고 설령 잘되더라도 그게 영원하진 않아.' 불교에서 설파하는 중도中道란 기쁨이든 고통이든 분별력 있게 거리를 두고 받아들이는 것이다.

싱어송라이터 라파엘 아로슈Raphaël Haroche는 노래했다. "백오십 년 후에 이 모든 것에서 뭐가 남을까?" 오늘 나를 뛸 듯이 기쁘게 하고 나를 죽도록 뒤흔드는 이 감정에서 과연 무엇이 내일까지 남아 있을까?

개인적 문제를 사회에서 발설하지 않고 다른 이야기를 하는 이 태도 이면에도 진정한 철학이 있다. 근심 없는 사람은 없고 나의 근심으로 타인을 골치 아프게 할 필요는 없다는 원칙에서 출발하라. 그 사람은 자기 문제만으로도 버겁다. 상대에게 부담 주지 않는 것이 내가 할 수 있는 배려이자 선물이다.

이렇듯 집단의 각 구성원은 집단 전체의 감정 상태에 공동 책임이 있다. 여러분은 자신의 감정을 집단 전체의 감정에 도입함으로써 거기에 톤을 부여한다. 일반 사고인들이 여러분을 산통 깨뜨리는 사람으로 생각하는 이유가 바로 여기에 있다. 그러니 내 문제를 말하지 않는 것을 미덕으로 여겨라. 그들에게 감정을 전염시키지 말라. 설령 한순간 날아갈 듯한 기쁜 감정일지라도.

금방 사랑에 빠지지 않기

서로에게 36개의 질문만 던지면 우리는 모두 45분 만에 사랑에 빠질 수 있다는 것을 아는가? 이것은 1997년에 심리학 연구자 아서 애런Arthur Aron 교수가 밝혀낸 사실이다. 미국의 한 대학에 소속된 그는 친밀감을 연구하고 있었는데 특히 서로 초면인 두 사람 사이에 친밀감을 조성하는 법을 찾고 있었다. 그가 설계한 특수한 실험은 예상을 훨씬 뛰어넘는 결과를 보였다. 서로 짝이 된 피험자들은 거의 모두 사랑에 빠졌다. 물론 이 실험 결과에 대해서 왈가왈부하는 사람들도 있었다. 설문에 답하다가 사랑에 빠진 사람들은 모두—의식적으로든 무의식적으로든—서로 선택해서 짝이 된 사람들이었고, 욕망이 감정으로 변하기까지는 어떤 과정이 좀 더 필요할 터였다. 그렇지만 설문의 효과를 부정할 순 없다. 설문에 함께 참여함으로써 두 사람 사이에 훈훈한 분위기가 조성되거나, 식었던 연애 감정을 되살리거나, 우정을 더욱 공고히 할 수 있다. 도대체 어떤 메커니즘이 작용하는 걸까? 상대에게 진정으로 관심을 기울이고 자기 자신을 진실하게 표현할 수 있는 친밀함의 장이 만들어졌기 때문이다. 설문에 답하다 보면 자신의 어린 시절, 부모님, 자기가 거둔 성공, 공포, 나르시시스트 적 결함, 가치관을 털어놓게 되는 것은 물론, 상대의 나르 시시즘도 강화하게 된다. 상대의 어떤 점이 좋은지, 상대 와 자신의 공통점이 무엇인지 말하게 되니까.

맨디 렌 카트론은 이를 바탕으로 《완벽한 타인과 사랑 에 빠지는 법》이라는 책을 냈다.[3] 그녀는 실제로 이 설문에 응하다가 잘 알지도 못했던 직장 동료와 사랑에 빠졌다고 한다. 그녀는 설문 내용이 중요하지 않고 질문들의 상당수 는 다른 질문들로 대체해도 무리가 없음을 인정했다. 하지 만 그 질문들이 서로를 솔직하게 드러내는 과정을 조성한 다는 점만은 근본적으로 변치 않아야 했다.

그런데 이러한 소통 방식, 서로에게 진심으로 관심을 기울이고 자신의 사적인 이야기를 털어놓는 대화야말로 여러분의 장기 중 하나다. 다시 말하면 여러분은 모두의 반감을 사기 쉽다. 여러분이 솔직하게 한다고 하는 말이 상대를 꼬드기기 위해 하는 말처럼 들릴 수 있다. 이웃들 끼리 모여 바비큐 파티를 하는데 여기저기서 서로 대화를 좀 나누다가 사랑에 빠진다고 상상해 보라! 어떻게 되겠는

가. 그러니 다시 한번 기억하라. 비가 온다든가 날씨가 좋다든가 하는 얘기, 최근의 축구 시합, 자동차 브랜드별 장점 비교, 딸기타르트 레시피(레시피에 얽힌 나만의 사연은 빼고!) 얘기가 훨씬 더 합리적이다.

뒷담화에도 사회적 기능이 있다

인간은 말을 할 수 있는 유일한 동물이다. 이 장점을
이용하여 말을 하지 않기 위해 말하는 법을 배웠다.
인간이 입을 다무는 상황은 단 하나, 불의를 마주할 때다.
—프레데리크 다르

뒤에서 언급할 '인지 혁명'을 기점으로 사피엔스는 점점 더 정교하게 언어를 습득했고 그에 따른 추상 능력이 점차 발달했다. 그리하여 서로 이를 잡아주던 원숭이들의 활동이 맡았던 기능, 즉 사회적 관계를 맺는 기능을 수다와 험담이 대신하게 되었다. 침팬지들은 보통 20~50마리 정도가 한 무리를 이룬다. 개체 수가 100마리까지 가는 경우는

극히 드물다. 집단이 지나치게 커지면 쪼개지고 그 안에서 따로 노는 무리가 생긴다. 그리고 그 무리는 새로운 집단이 되어 원 집단에서 떨어져 나간다. 수다는 사피엔스의 무리가 좀 더 커지고 안정화되게끔 돕는 역할을 한다. 사회학 연구에서도 험담을 함께 하는 것만으로도 구성원이 150명까지 되는 인간 집단의 결속력이 강화된다는 결과가 있었다. 하지만 150명 이상이 되면 험담으로 쌓은 동료애만으로 집단 결속력을 보장할 수 없다. 그렇게 큰 집단에는 리더, 프로젝트, 이야기, 그 외 여러 가지가 더 필요하다. 어쨌거나 150명만 되어도 매우 큰 집단이다! 그러니 험담은 사피엔스들의 결속력과 예외적 협력에 상당히 이바지한다고 봐도 좋다.

아스퍼거 증후군을 앓고 있는 《넓은 하늘 껴안기》의 저자 대니얼 태밋은 뒷담화에서 진짜 비방은 10퍼센트 정도이고 90퍼센트는 남 이야기하면서 시간 죽이기라고 보았다.[4] "우리 시어머니가 이번에 담낭 수술받았잖아……." "사촌이 차를 새로 뽑아서 그런지 요즘 기분이 아주 좋아 보여." "옆집 청년이 새로운 여자친구가 생겼는데……." 여러분이 참기 힘들어하는 이러한 잡담이 안전하고 편안한 관계를 맺기 위한 일종의 옹알이가 된다고 할까. 비결은 한 가지 주제에 매달리거나 깊이 들어가지 않는 것, 화면이 매끄럽게 넘어가는 디졸브 효과처럼 능숙하게 다른 화제로 전환하는 것이다. 어쨌든 가까이에서 관찰해 보면 모두가, 정신적 과잉 활동인들까지도, 진짜 하고 싶은 말을 하지 않기 위해 말하고 있다.

정신적 과잉 활동인은 심도 있는 대화로 세상을 다시 만들고 개념들을 뒤흔들기 좋아한다. 하지만 그들이 좀 더 철학적이라고 생각하는 개념들 역시 가상적인 것에 불과하다. 솔직해지자. '인생의 중요한 문제들'을 건드리는 대화라고 해서 우리를 더 멀리 나아가게 하지는 못한다. 허심탄회한 대화가 좋다지만 그런 대화가 우리를 위험에 빠뜨릴 수도 있다. 앞에서 언급했듯이 상대와 너무 가까워지는 것도 위험하지만, 나를 드러낼수록 불리한 상황에서 나를 너무 많이 보여 주는 것도 문제다. 내 이야기를 너무 많이 해 버렸다고 후회한 적이 얼마나 많았는가?

시간 보내기용 대화의 필요성

교류분석TA기법을 창시한 미국의 정신과 의사 에릭 번의 저서 중에 《당신은 인사 후에 무슨 말을 하십니까?》라는 제목의 책이 있다.[5] 그는 이 책에서 교류분석의 핵심 개념 중 하나인 '스트로크stroke'를 설명한다. 스트로크는 '접촉' '타격' 혹은 '어루만짐'에 해당하는 단어로 프랑스어로는 'signe de reconnaissance(인정 신호, 인정 자극)'로 번역되었다. 이러한 '인정 자극'은 인간이 살아 있음을 느끼기 위해 필요로 하는 대인 접촉의 최소 구성 요소로 정의할 수 있다. 인정 자극이 없으면 사람이 허약해지거나 정신이 이상해져서 죽음보다 더 참담한 상태[6]에 빠진다는 것을 보여주는 연구는 이미 많이 있었다. 그래서 사람들은 무의식적으로 그날그날의 일과에 살아 있음을 느끼게 하는 인정 자극을 적절히 배치하곤 한다. 에릭 번은 이 자극들의 강도를 '철수'에서 '친밀성'까지 여러 단계로 구분했다. 인정 자극은 그 자극이 주어지는 상황에 따라서 더 좋게 작용할 수도 있고 그렇지 못할 수도 있다.

- **철수**withdrawal: 원점에서 출발하여 인정 자극을 회피하려는 단계. 이미 받아들인 인정 자극을 분류하고 '소화'하기 위한 고독의 장으로, 부정적이거나 파괴적인 인정 자극을 차단하는 역할도 한다.

- **의식**ritual: '최저생계비'와 마찬가지로, 살아가기 위해 꼭 필요한 개인적 의식들(아침 식사에는 꼭 내 전용 잔을 써야 한다든가)을 뜻하며 주로 발음 그대로 '리추얼'이라고 부른다. 인간은 외로울수록 삶을 리추얼로 채워 간다. 하지만 지나친 리추얼은 문제가 될 수 있다. 생존을 위한 리추얼로 삶이 가득 차 버리면 정작 리추얼보다 더 유익한 사람과의 접촉이 그 아슬아슬한 균형을 깨뜨리기도 하기 때문이다. 물리치료사들이 여기에 대해서는 할 말이 있을 것이다. 오랫동안 고립된 삶을 살아온 사람들은 일과에 재활 프로그램을 추가하는 것 자체를 힘들어한다. 얼핏 보면 그들의 일과는 텅 비어 있는 것 같은데 실은 수많은 리추얼로 빼곡하게 채워져 있다. 한편, 집단의 리추얼은(가령 안부인사라든가) 최소한의 상호 인정을 주고받는 계기가 된다. 그러한 리추얼에는 '당신은 투명인간이 아닙니다. 당신은 가구 같은 존재가 아닙니다'라는 메시지가 있다. 멀리

있는 사람에게 손짓을 보내는 것만으로도 그에게 살아 있음을 느끼게 할 수 있다. 기회가 있을 때마다 꼬박꼬박 인사를 하자!

- **소일**pastime: 앞에서 살펴본 무해한 대화가 바로 여기에 해당한다. 에릭 번은 이러한 대화들을 '학부모' '옷차림' '축구' 등의 주제로 지칭하는데, 교류분석에서 이는 단지 인정 자극을 주고받는 기능만 한다. 이 자극들은 강도가 약하지만 안전하다. 가벼운 잡담은 안전하게 밀폐된 공간을 조성함으로써 좀 더 진지한 대화를 나눌 만한 상대를 알아보고 선택할 수 있는 기반을 마련한다. 요컨대, 여러분이 어떻게 생각하든 인간에게 이러한 시간 보내기용 대화는 없어서는 안 된다.

- **활동**activity: '활동'과 '존재'를 대립적으로 파악하기보다는 '존재하기 위해 활동한다'고 연결지어 생각할 수 있다. 그 이유는 활동만큼 우리에게 인정 자극을 주고받을 기회와 만족감을 주는 것은 없기 때문이다. 친구 집 이사를 도와준 사람은 그런 날 얼마나 많은 기운을 쓰게 되는지, 그렇지만 또 얼마나 함께 즐거운지 알 것이다(아니면, 그 친구와 절교했을 수도!). 심지어 혼자 하는 활동이라고 해도 활동의

결과를 평가하고 인정받을 수 있다면 크나큰 만족감을 얻을 수 있다. 직장 생활에서 으뜸가는 기능 역시 어떤 일을 함께함으로써 인정 자극을 주고받는 데 있다. 그러므로 결과보다 과정이 중요하다. 오디세우스가 돌아오기를 기다리면서 페넬로페가 끝없이 자수를 놓았던 것도 그러한 과정의 한 예다.

- **게임**game: 심리 게임 역시 교류분석의 핵심 개념이다. 이 게임은 스티븐 카프먼Stephen Karpman의 드라마 삼각형을 중심으로 구성되는데 삼각 구도를 이루는 역할로는 익히 알려져 있듯이 피해자, 가해자, 구원자가 있다.[7] 심리 게임의 장점은 워낙 코드화되어 있어서 대단히 예측 가능하면서도 자연스러운 듯한 느낌을 준다는 것이다. 따라서 심리 게임은 실제로 재미있는 게임과는 거리가 멀지만 강한 자극이라는 면에서는 친밀성의 대안이 될 수 있다. 친밀감을 불편해하는 사람들이 생각보다 많기 때문에 친밀한 관계를 도모하려는 시도가 심리 게임으로 변질되는 경우 또한 적지 않다. 하지만 여러분도 한 번쯤 생각해 보아야 한다. 왜 모두와 친밀한 관계를 맺으려 하는가? 왜 그러한 양질의 관계를 여러분의 최측근들에게로 한정하지 못하는가?

어떤 교류는 "안녕하세요" "실례합니다" "고맙습니다" 정도의 리추얼만으로도 충분하다.

- **친밀성**intimacy: "사람들은 친밀성을 성관계와 결부시켜 생각하곤 하지만 사실 친밀성은 진실을 건드린다. 여러분의 진짜 생각을 말해도 괜찮다는 것을 알 때, 여러분이 실제로 어떤 사람인지 솔직하게 보여 줄 수 있고, 상대에게서 '나한테는 그래도 괜찮아'라는 메시지를 받을 때 느끼는, 그게 바로 친밀성이다." 테일러 젠킨스 레이드Taylor Jenkins Reid의 말이다. 친밀성은 인정 자극의 추구에 무엇보다 큰 힘이 되지만 그만큼 리스크도 크다. 나는 친밀성에 관한 테일러 젠킨스 레이드의 정의도 좋지만 프랭크 패럴리[8]의 정의를 좀 더 높이 산다. "친밀성은 벌거벗은 채 상대에게 다가가면서 서로 손톱을 깎아 주기 바라는 것이다." 심리적 수준에서도 마찬가지다. 서로 따뜻하게 보듬고 성장시키는 관계가 되자는 약속이 늘 지켜지지는 않는다. 어떤 사람들에게 친밀성은 위험처럼 느껴진다. 그들은 서로의 손톱을 깎아 주기는커녕 벌거벗고 서로를 할퀼까 봐 너무 두려워서 모든 친밀한 관계를 심리 게임으로 둔갑시켜 버린다.

자, 나는 이제 일상에서 여러분이 마주하는 대화를 더도 덜도 아닌 그 대화의 가치대로 평가할 수 있도록 충분히 정보를 제공했다고 생각한다. 여러분이 느끼기에 알맹이 없는 듯한 대화도 호의적으로 바라보기를 바란다. 그런 대화는 좋은 게 좋은 관계, 누구도 상처받지 않는 가벼운 관계의 존속에 이바지한다. "모두가 불평을 늘어놓는 대화는요?"라고 반박할지도 모르겠다. 하지만 그러한 푸념이나 하소연도 사회적 관계를 만들기 위한 '이 잡아주기'에 불과할 때가 많다. 그러니 진지하게 노여워하지 말라! 교류분석에서는 이것을 '그것 참 안 됐네요' 게임이라고 부른다. 아무도 속지 않는다.

자크 살로메Jacques Salome는 행복을 유머러스하게 정의했다. "행복은 아마도 불행해지는 즐거움을 포기하는 것이리라." 나는 이 책 뒷부분에서 우리에게 주어지는 자유와 예속 사이의 선택을 살펴보고 여러분과 무관하지 않은 어떤 태도들을 설명할 것이다.

이미 이 장에서 건설적 대화를 꾀하려는 여러분의 시도가(혹은 관점이) 왜 그토록 자주 수포로 돌아가는지 감을 잡았기를 바란다. 아마도 여러분의 대화 상대는 가벼운 잡담

이상을 원치 않았을 것이다.

　이제 모임에서 흔히 오가는 대화의 순기능을 음미하면서 실제로 편하게 얘기 나누는 법만 배우면 된다. 그 순간의 무사태평함에 빠져 보라. 아무도 불편하지 않은 대화에 끼려면 일단 그 대화의 주제에 대해서 자신이 아무것도 모른다는 사실을 인정하고 경청하는 자세를 취하는 것이 좋다. 자기가 별 관심도 없는 주제를 미리 판단해서는 안 된다. 무엇보다, 지나치게 기술적이거나 전문적 식견이 필요한 질문을 삼가고—상대가 답을 줄 수 있다는 보장이 없다—이 얘기 저 얘기 파도 타듯 넘어가야 한다. 모임 내내 실수하지 않고 그 시간을 원만하게 보낼 수 있다는 것만으로도 얼마나 다행인가!

　물론 훈련이 좀 필요하다. 내담자 나데주는 내게 이런 말을 했다. "선생님에게 아무도 불편하지 않은 대화의 메커니즘을 배운 다음부터 저도 이런저런 얘기를 자연스럽게 하는 연습을 하고 있어요. 솔직히 '아무 말도 하지 않기 위한 아무 말' 연습이라고 해야겠지요. 하지만 제 버릇 남 못 준다고, 때때로 그게 안 되더라고요! 아직 그 수준까지 가지 못한 게 분명해요. 제가 그동안 제 담당 미용사 선생님을 얼마나 불편하게 했는지 알겠더라고요. 그분이 다른 손님 머리를 할 때는 잠시도 쉬지 않고 수다를 떨어요. 그런데 저한테는 무슨 대화를 시도해도 잘 풀리지 않았던 거예요. 저도 열심히 호응을 하거든요? 하지만 그분은 제 대답이 더 당황스러운지 오히려 말수가 줄어들어요. 결국 그분은 아무 말 없이 머리만 하고, 저는 지루한 손님이라서 왠지 미안해요. 다른 손님들은 무슨 말을 하는지 한참 더 관찰해야 적절하게 반응하는 법을 배울 수 있을 것 같아요."

2장

**문제는
해결하라고
있는 걸까?**

✕

◆

✕

영리한 사람은 문제를 해결한다. 지혜로운 사람은 문제를
피한다. 어리석은 사람은 문제를 만든다. 그리고 세상에
문제가 넘쳐나는 데에는 그럴 만한 이유가 있을 것이다.
― 알베르트 아인슈타인

"문제를 꼭 해결해야만 해요?" 내가 어느 정신적 과잉
활동인에게 이렇게 물었더니 그 사람은 믿을 수 없다는 듯
이 눈을 휘둥그레 떴다. "그런 질문이 어디 있어요! 당연하
죠!" 그에게는 두 번 생각할 필요도 없이 당연한 일이었다.
모든 문제는 창의력을 북돋우는 도전이다. 그는 문제를 해

결하기 위해서라면 비용, 수익성, 효율성, 실현 가능성이라는 면에서 합리적인 수준을 넘어서기도 한다. 정신적 과잉 활동인의 모토는 "무슨 수를 써서라도 문제를 해결하라!"라고 해도 좋을 것이다. 이 책을 쓰기 전에는 나의 모토도 크게 다르지 않았다. 나는 수시로 "문제는 없다, 해결책들이 있을 뿐!"이라고 말하곤 했다.

하지만 이 책을 집필하기 시작하면서 나는 내 답안을 다시 검토하게 됐다. 그 이유는 일반 사고인들의 세상에서 질문은 타당한 반면, 해답은 반드시 그렇지만도 않기 때문이다. 해답은 오히려 다른 쪽으로 기울어진다. 그렇다, 문제가 반드시 해결되어야 하는 것은 아니다. 놀랐는가? 충격 받았는가? 그렇지만 이러한 입장에는 나름의 논리가 있다. 나는 그 논리를 발견하는 것도, 그 논리를 설명할 때마다 여러분의 당혹해하는 표정을 보는 것도 흥미로웠다.

모든 문제를 뿌리 뽑을 수 없다면

처음에는 문제를 해결하기보다는 그냥 안고 사는 것도

지혜려니 생각했다. 사실, 그게 합리적인 태도다. 한 발짝 물러나 생각해 보면 문제는 늘 있고 앞으로도 그럴 것이다! 지구상의 모든 문제를 뿌리 뽑고 싶은가? 차라리 바닷물을 다 퍼내겠다고 하라! 그러니 그날그날의 문제를 해결하기 위해 아등바등하고 이튿날 또 그만큼의 문제를 떠안기보다는, 그저 문제들 한복판에서 평안하게 사는 편이 낫다. 몸을 동그랗게 구부리고 폭풍이 지나가기를 기다리면서 어떤 것도 완벽할 수 없다는 생각을 받아들이면 된다.

사고방식을 그렇게 바꾸면 문제들이 정말로 심각해질 때 '최소한'으로 해결하면서 살 수밖에 없고, 그 외에는 달리 방법이 없음을 알게 된다. '최소한'이란 바람 빠지는 타이어를 대충 땜빵하고 타이어 전체를 갈아야 할 나중을 기다린다는 뜻이다. 내가 일반 사고인들의 문제 해결법이라고 생각했던 이 사고방식은 부분적으로 들어맞고 우리가 직면하는 문제들의 90퍼센트는 이 방식을 적용해 객관적으로 현명하게 대처할 수 있다. 나는 이러한 맥락에서 자기가 느끼는 모든 문제를 뿌리까지 파헤치는 정신적 과잉 활동인이 회사에서 얼마나 동료들을 피곤하게 만드는지 이해할 수 있었다.

이 접근의 한계는 상황을 전체적으로 고려하고 예측해야 할 때 비로소 드러난다. 철도 네트워크, 교량, 핵 발전소를 관리하는 사람이 문제 해결을 미루고 '땜빵'에 만족한다면 끔찍한 재앙이 일어날 수 있다. 게다가 조사 위원회가 하는 일은 주로 참사를 피할 수 있었음을 증명하는 것이다. 사태는 유감스럽고, 때로는 비극적이기 그지없다. 사고 아닌 사고는 정신적 과잉 활동인들의 분노를 자극한다. 그들은 사고의 발생 가능성을 보았고 예방책도 제시하려면 할 수 있었을 것이다. 하지만 예방책에도 한계는 있다. 결코 축소되지 않는 리스크가 있다. 가령, 핵 발전소 사고의 경우 지역 인구를 신속하게 대피시키거나 방사능 피폭을 예방하는 아이오딘을 인구 전체에 유포한다는 것은 불가능하다.

그렇지만 문제 해결하지 않기의 논리에는 다른 목적들도 있다. 나는 그러한 목적들을 차츰 발견하게 되었다. 문제에는 정신적 과잉 활동인이 짐작도 못했던 나름의 사회적 기능이 있다.

문제는 수다 떨 거리를 던져 준다

일단 문제는 대화나 잡담에 활기를 불어 넣는다. 재차 말하지만 잡담은 사회적 연결고리다. 익히 알려졌듯이, 행복한 사람들은 사연이 없다. 문제가 있어야 얘기를 나누고 의견을 들을 건더기가 있다. 어느 보험 회사는 아예 이런 슬로건을 내걸었다. "잘 보장된 문제는 얘깃거리도 되지 않습니다."

요컨대 이 사람 저 사람, 우리 측근들의 문제는 결코 마르지 않는 수다의 원천이다. 우리가 그 문제의 표면에 머물러 있다면 말이다. 그리고 문제는 당신을 중요한 인물로 부각하면서도 시기 질투를 막아 준다. 문제가 없는 사람은 단순한 사람, 더 나쁘게는 팔자 좋고 재수 없는 사람 취급을 받는다. 너무 건강하고 행복하기만 한 사람은 짜증 난다. 내가 항상 웃고 다닌다는 이유로 얼마나 가시 돋친 말까지 들었는지 아는가! 어떤 약사는 나에게 너무 건강한 것 아니냐면서 비아냥거리듯 말하기도 했다. 나는 웃으면서 농담을 했다. "그래요. 이 약국 매상을 팍팍 올려주는 손님이 될 순 없지요!" 문제가 있으면 사람들 사이에 더 잘 들어갈 수 있고 남들의 질투나 공격에 덜 시달린다. 그렇지만 나는 단지 약사의 환심을 사기 위해 병에 걸리지는 않을 테다!

기업 내에서 이러한 양상은 뚜렷하게 관찰된다. 문제없는 부서는 뺀질이 집합소 취급을 받는다. 문제를 한 보따리 안고 해결을 위해 애쓰는 (것처럼 보이는) 부서는 진지하고 일을 많이 한다는 말을 듣는다. 부서마다 해결해야 할 문제와 일 더미에 파묻혀 있는 것처럼 보이고 싶어 하는 이유가 여기에 있다. 그리고 기를 쓰고 문제를 해결하려 들지 않아야 할 이유도 여기에 있다! 문제를 해결하고 나면 그 상태를 유지하기 위해 또 다른 문제를 만들게 되니까. 여러분이 문제를 만들고 있다는 사실은 결국 드러나게 마련이고 생산적이지도 않다. 사람들은 문제는 좋아해도 문제를 만드는 사람은 좋아하지 않는다. 그래서 자기 문제는 속에만 담아 두고 주위만 휘젓곤 한다.

마지막으로, 문제는 심리 게임의 마중물이 되어 준다. 심리 게임은 부정적이지만 강렬한 인정 자극의 원천이다. 그렇기 때문에 여러분이 어떤 문제가 빨리 해결될 수 있음을 보여 준다면 교류분석에서 '그래, 하지만⋯⋯'으로 분류되는 심리 게임이 출현하는 것을 목격할 것이다. 여러분이 오만 가지 해결책을 제시해도 저쪽에서 "그래, 하지만……"이라고 토를 달면서 도움을 거부하는 것이다. 이게 바로 문제 해결이 능사가 아니라는 증거 아닐까? 변화의 시도들이 그토록 자주 맥 빠지는 수구주의에 부딪히는 이유도 이로써 설명이 될 것이다. 심지어 모두에게 좋은 방향으로 심사숙고한 변화인데도 말이다.

쓸데없는 회의의 쓸모 있는 기능

정신적 과잉 활동인들은 직장에서 시도 때도 없이 열리는 회의가 질색이다. 지겹기도 하고 생산적으로 보이지도 않는다. 부질없는 주제에 시간은 또 엄청나게 잡아먹는다. 그들은 회의에서 오가는 대화가 아무것도 해결하지 못하면서 제자리를 빙빙 돌기만 한다고 느낀다. 그런 느낌이 틀린 것도 아니다. 회의를 통해서 문제를 해결할 수 있고 구체적인 결정을 내릴 수 있는 것도 맞지만 회의가 엄청난 시간 낭비인 것도 맞다. 하지만 회의에 다른 목적, 다른 기능도 있다고 생각하면 그 시간이 그렇게 쓸데없지는 않다. 실제로 문제 해결보다 훨씬 더 중요한 목적이 있기 때문이다. 표면상의 목적과 숨겨진 목적, 명시적 목적과 암묵적 목적, 의식적 목적과 무의식적 목적. 눈에 보이는 문제 이면에는 잘 의식되지 않는 다른 여러 가지 문제가 있다. 한 발짝 물러나 모든 면에서 관찰하길 원하는 사람에게는 회의도 흥미진진할 수 있다.

회의는 무엇보다 한자리에 모여서 인정 자극을 주고받는 기회다. 여러분은 이미 그 메커니즘을 알고 있다. 직장에서든 개인적 차원에서든 회의는 인정 자극 추구의 여러 면을 건드린다. 일단 반복된 '의식'으로서 안정적 기반이 되고, 예측 가능하면서 무해한 '시간 보내기용' 대화이기도 하며, 앞에서 지적했듯이 결과보다 과정이 중요한 '활동'이다. 서로 할 말이 있고 함께 할 일이 있는 것이다. 문제가 없으면 회의도 더 이상 없겠지만 회의는 사회화의 기막힌 구실이다. 자선 단체, 운동이나 문화 활동을 함께하는 모임은 좀 더 분위기가 느긋하다. 정신적 과잉 활동인이 한 명도 끼어 있지 않다면 말이다! 중고 물품 바자회를 준비하는 정신적 과잉 활동인의 열의와 진지함은 종종 우스꽝스러울 지경이다. 모임에는 좋은 게 좋다는 식의 목적밖에 없는데 여러분은 과몰입을 하니 그 괴리가 너무 크다. 그러니 회의나 모임을 더 이상 심각하게 받아들이지 말자. 그냥 함께 있음을 기뻐하고 상호 작용을 관찰해 보는 것이다. 숨겨진 목적들을 의식하면 그러한 상호 작용이 흥미로워진다. 다음번에 아파트 입주민 회의를 한다면 이웃집 여자가 베고니아 화단에 대해서 쏟아내는 불만에 귀 기울여 보라. 그녀가 자신이 살아 있음을 느끼는 그 순간을 연장하기 위해 얼마나 자주 그 화제로 돌아오는지 흥미진진하게 지켜보라!

파워 게임을 대하는 자세

일반 사고인들의 세상에서 개인은 집단 내 위상, 무리 안에서의 어떤 자리를 차지한다. 하지만 그러한 위상이나 자리는 후천적으로 획득하는 것이다. 그래서 회의는 조직도 안에서 각자가 차지하는 위상을 강화하고 집단 구성원들이 기업의 규범에 복종하는지 확인하는 기회다. 회의가 끝나면 저마다 자기가 무엇에 매달려야 하는지 안다. 누가 어떤 위상에 있는지, 우두머리가 현재 누구를 총애하는지, (우두머리가 곱게 보지 않는) 누구 쪽으로 줄을 서면 안 되는지 말이다. 루이 14세 궁정에서는 이러한 눈치 싸움이 절정에 달했다. 국왕이 부루퉁한 표정을 짓거나 한숨만 내쉬어도 유죄 판결이 떨어진 셈이었고 반대로 미소나 너그러운 말 한마디를 건네면 총애를 되찾는다는 표시였다. 대신들은 사소한 신호 하나도 놓치지 않으려고 바짝 긴장할 수밖에 없었다. 궁정은 권모술수, 정적 관계, 투기와 질시로 들끓었다.

오늘날이라고 해서 사정이 그리 다르지도 않다. 모든 인간 집단에는 눈에 보이는 위계질서와 한층 더 비밀스러운 위계질서가 있고, 적의와 질투가 있다. 정치적 측면은 언제나 실제적 측면보다 우선한다. 그러니까 해결책을 구함에 있어서(효과적으로든 그렇지 않든) 진짜 목표는 그리 객관적이지 않다. 문제를 해결한다는 것은 변화를 실행한다는 것이고, 변화는 집단 이야기를 해체하고 모든 것을 새로 짜게 할 수도 있다. 예를 들어, 오랫동안 심각한 문제로 인식된 사안이 있는데 그 사안이 해결되고 나면 실은 그리 심각하지 않았던 것으로 재평가될 수 있다. 치료는 이러한 측면을 고려해야 한다. 사람이 변하면 부부 관계, 가족이나 가까운 사람들과의 관계도 거기에 영향을 받는다. 여러분이 문제를 해결해 버리면 상사, 동료, 지인들과의 관계에서 또 다른 어려움을 겪을 수도 있는 이유가 여기에 있다.

일반 사고인들의 세상에서는 굳이 말하지 않아도 권력, 위상, 지위가 중요한 목표이지만 정신적 과잉 활동인들은 그런 목표를 추구하기가 거의 불가능하다. 그들도 가끔은 정치적 목표를 알아차리곤 하지만 대체로 그러한 목표를 한심하게 생각한다. 내게 상담을 받던 프랑시스는 자기 회사에서 일어나는 문제들이 어떤 역할을 하는지 통찰하고 있었다. "회사의 선택은 단기적인 금전 이익에 좌우되지요. 문제들을 통합적으로 고려하려는 시도는 일절 없고요. 저마다 오만 가지 문제를 떠안고 사는 척하는데, 그 이유는 이 회사에서 문제없는 부서는 사라져도 되는 부서이기 때문이에요. 동료끼리 피가 마르도록 경쟁에 몰두하는데 원래 직장 동료라는 건 같이 힘을 합쳐 일하라고 있는 것 아닌가요. 제가 보기에는 회사 전체의 이익보다 그들의 파워 게임, 그들의 개인적 이익이 훨씬 우선시되는 것 같아요.”

파워 게임은 일반 사고인과 정신적 과잉 활동인 사이의 주요한 걸림돌 중 하나다. 정신적 과잉 활동인은 위계질서에 둔감할 뿐 아니라 대개 불공정한 처사로 깊은 상처를 받은 경험이 있다. 이 때문에 그들은 너무 빨리 백기사를 자처한다. 그들은 악과 싸우고 죄 없는 자를 구하기 위해 기꺼이 원정에 나선다. 다른 사람들의 문제를 도와주고 해결하고자 하는 그들의 욕구는 거의 강박에 가깝다. 불의, 횡령, 악습, 결탁, 줄서기, 그 밖의 소소한 잔꾀를 조목조목 짚어 가면서 고발하고 싶은 욕구는 또 어떤가. 일반적으로 그들에게 돌아오는 결과는 좋지 않다. 역사와 이야기는 온갖 종류의 스캔들로 점철되어 있다. 위험을 알리고 경각심을 일깨운 사람에게 공동체의 감사와 보상이 돌아가는 경우는 본 적이 없다. 그 반대라면 모를까! 잔다르크, 돈키호테, 줄리언 어산지, 에드워드 스노든은 모두 그들의 불손에 대한 대가를 톡톡히 치렀다. 반면, 고발을 당했던 사람들은 오히려 형편이 나았다. 기껏해야 ‘독살 사건’[1]에 연루된 몽테스팡 후작 부인이 그랬던 것처럼 조용히 찌그러져 사는 신세가 되었을 뿐이다. 가장 실망스러운 것은 폭로에 대한 사람들의 무관심이다. 정말로 분노해야 할 때 사람들이 마비 상태에 빠지는 것보다 침통한 일은 없다. 위험을 알리는 자는 자기가 군중을 깨우기 위해 꼭 필요한 메시지를 보낸다고 생각하고 기꺼이 사막에서 부르짖지만 귀가 멀고 말을 할 수 없고 눈이 보이지 않는 사람을 상대할 뿐이다. 그 이유는 일반 사고인의 세상에 절대 불변의 암묵적 규칙이 존재하기 때문이다. "강자들의 뒷거래를 훼방 놓아서는 안 된다"는 규칙이.

일반 사고인들이라면 진즉에 파악한 메시지다. 정신적 과잉 활동인들은 이걸 이해 못하기 때문에 자꾸 골치 아픈 일을 만든다. 입 다물고 살아야만 하는가? 어떤 경우에는 그래야 한다. 아등바등 싸워야 할 가치가 없으니까. 하지만 어떤 경우에는 그렇지 않다. 용납해선 안 될 일이 있다. 하지만 그에 앞서, 정신적 과잉 활동인들은 신중함과 인내심을, 자료를 충분히 수집한 후에 비로소 나서는 법을 배워야 하는지도 모른다.

문제를 해결하지 않는 기술

정신적 과잉 활동인과 일반 사고인은 문제 해결에 대한 접근법이 근본적으로 다르다. 자크 네이링크는 《기술에 대한 크나큰 환상》에서 거의 상반되는 두 가지 문제 해결 접근법을 흥미롭게 설명한다.[2] 그 두 접근의 차이가 정신적 과잉 활동인과 일반 사고인 사이의 깊은 골을 어느 정도 이해하게 해 준다.

자크 네이링크는 인간이 인생의 역경에 부딪힐 때 종교 아니면 마법에 의지한다는 사실을 확인했다.

◆ **종교**: 인간은 기도와 예배 행위에 힘쓰고 희생을 바치기도 한다. 그러한 상태는 신의 뜻을 바꿀 수 있다는 희망을 북돋우며 내가 할 수 있는 일을 했고 '했어야 하는' 일을 했다는 기분을 느끼게 한다. 또한, 심리적으로 자신의 운명을 수용할 수 있도록, 다시 말해 놓아 버릴 수 있도록 도와준다. 인생의 역경이 더 이상 부조리하게만 느껴지지 않는다. 그 또한 신의 뜻이거나 신의 응답일 테니까. 그래서 역경마저도 분노나 절망 없이 감내할 수 있는 것이다.

- **마법**: 인간이 마법에 의지할 때는 신에게 애걸하거나 신의
  자비를 바라지 않는다. 오히려 신을 조종해서라도 운명을
  통제하고 싶을 것이다. 마법 의식은 신에게 바치는 제사가
  아니라 운명을 무효화해야 한다는 명령에 가깝다.

자크 네이링크는 기술에 대한 환상이 현대판 마법이라
고 본다. 이 마법은 인간을 전능 환상에 빠뜨린다. 기술이
그토록 높이 평가받는 이유도 여기에 있다. 정치, 경제, 사
회, 정서, 문화, 영성을 막론하고 어떤 문제가 불거질 때마
다 기술에 대한 환상은 물질적 해결책을 제안 혹은 강요한
다. 이게 문제 해결인지 퇴마술인지 모르겠다. '기술에 대
한 크나큰 환상'이야말로 진정한 재앙이다. 자크 네이링크
는 말한다. "그러한 환상을 현실, 이성, 혹은 과학과 대립시
킬 수는 없다. 그 이유는 기술에 대한 환상 역시 지극히 현
실적이고 이성적이며 과학적인 모양새를 취하기 때문이
다." 그는 이 환상이 교조적 체계로 구성되어 있기 때문에
비합리성을 지적하는 비판이나 반박을 조금도 용납하지
않는다고 말한다.

　여기에 기술 환상의 역설이 있다. 과학은 질문하라고

있는 것인데 이 환상은 질문을 거부한다. 언제인가부터 '전문가'들은 감히 해당 주제에 관심을 드러내는 사람을 '주제넘은 비전문가' 취급하고 공식에 의문을 제기하는 사람을 '음모론자' 취급한다. 기술 환상이 지배하는 상황을 어떻게 알아볼 수 있을까? 실은 아주 간단하다. 기술 환상은 체계적으로 네 가지 파괴적 효과를 낳는다.

- **도착적 효과**: 기대한 것과 정반대 효과가 일어난다. 병은 더 깊어지고, 절차는 더 복잡해지고, 시간을 벌려고 한 일이 오히려 시간 낭비가 된다.
- **중앙집권 효과**: 마법사나 비밀리에 영향력을 행사하는 로비 단체가 그렇듯이 엄청난 권력을 소수의 개인에게 집중시킨다.
- **비윤리적 효과**: 효율성을 명목 삼아 윤리를 저버린다.
- **강제 효과**: 평범한 사람들도 환상을 따르고 식자들에게 복종하게 만든다. 국가의 무장 해제, 항암 치료나 '예방' 차원의 불편한 검사를 정말로 자유롭게 거부할 수 있는가?

현재 전 세계에서 기술 환상의 파급 효과를 보여 주는

사건은 수시로 일어난다. 어디서나 운명의 부침을 받아들이기보다는 마법에 의지하려는 사람이 훨씬 많다. 전능 환상에서 벗어난 인간은 자신의 나약함을 마주하게 되기 때문이다.

내가 정신적 과잉 활동인들에게 이런 이야기를 하면 그들은 문제에도 장점이 있고 영양가 없는 잡담이 관계를 맺어 준다는 사실에 충격받는다. 하지만 그들도 곰곰이 생각해 보면 문제 덕분에 삶의 목적을 찾을 수 있다는 것을 깨닫게 될 것이다. 그들도 집단 내에서 자신의 가치를 입증하고 인정받기 위해 문제 해결에 역량을 기울이는 게 아닌가.

안타깝게도 현실은 그렇게 풀리지 않는다. 문제없는 완벽한 세상을 꿈꾸는 이상주의가 모두에게 얼마나 피곤한지 여러분은 알아야 한다. 집요한 추적과 격퇴, 시도 때도 없는 지적질은 일반 사고인들에게 결코 좋게 받아들여지지 않는다. 그들은 세상이 불완전하고 언제나 문제가 널려 있다 해도 기꺼이 받아들인다. 그러니까 그들이 그 문제에 대해서 관여하지 말라고 요구할 만도 하다. 때로는 정신적 과잉 활동인들이 제안하는 대안이 시간, 에너지, 비용 면에서 너무 큰 지출을 요구하기 때문에 비현실적이고 우스꽝스럽게 보이기도 한다. 제로 리스크는 존재하지 않는다. 충격적으로 들리겠지만 때로는 다리가 무너지기를 기다렸다가 아예 새로 짓는 것이 최선일 수 있다. 또 다른 경우에는, 숨겨진 정치적·재정적 목표가 집단의 이익을 이긴다. 인간사라는 것이 그렇다. 정말이지, 아인슈타인이 옳은 말을 했다. "세상에 문제가 넘쳐나는 이유는 문제에도 대체 불가능한 사회적 기능이 있기 때문이다."

사실, 문제를 해결할 수 있다는 믿음은 엔트로피 증가의 법칙을 망각하고 있다. 물리학적 법칙에 따라 쇠는 녹슬고, 나무는 썩고, 커피는 차게 식는다. 아무것도 창조되지 않고 아무것도 사라지지 않는다. 모든 것은 변한다. 문제는 해결하라고 있는 게 아니라 더 중요한 다른 문제들에 파묻혀 사라지라고 있는 건지도 모른다! 산다는 건 수백만 년 전부터 그랬다.

3장

가상의
바나나를 두고
싸우는
원숭이들

×

◆

×

나는 사회적 규약과 그 함의를 깊이 이해하기 위해서
인간의 역사를 처음부터 되짚어 보는 것이 좋겠다고 생각
했다. 수백만 년 전의 과거로 훌쩍 거슬러 올라가자는 얘
기다.

지혜로운 인간인가, 똑똑한 원숭이인가?

300만 년 전의 인간은 여느 동물과 다르지 않은, 먹이
사슬 속의 한낱 연약한 피조물이었다. 인간은 자연 속에서
과일, 나무 열매, 물고기, 작은 동물을 자기가 구할 수 있는

대로 구해서 먹고 살았다. 몇몇이 무리를 이루고 살았지만 집도 없이 먹을 것을 찾아 이곳저곳 떠돌며 살았고, 그러한 생활 방식이 매우 오랫동안 이어졌다. 인간들은 유순했고 자연환경에 자신을 맞춰 가며 살았다. 그러던 어느 날, 대략 4만 5000년 전에, 이유와 과정은 알 수 없지만 이 포유류의 뇌는 커지기 시작했고 결국 세 배까지 늘어났다. 여러분의 이해를 돕기 위해 구체적 수치를 제공하자면, 체중이 60킬로그램인 포유류는 보통 200세제곱센티미터의 뇌를 가지고 있다. 오스트랄로피테쿠스의 두개골은 용적이 500세제곱센티미터는 된다. 현대인의 뇌는 약 1300세제곱센티미터에 달한다.

이러한 변화가 무엇과 관련 있는지 의문을 품을 만하다. 보통 동물은 뇌가 클수록 지능이 높은 것으로 알려져 있다. 언젠가는 이 '지능'이라는 용어에 대해서도 합의를 보아야 할 것이다. 그 이유는, 사실 뇌가 너무 크면 신체 차원에서 거추장스럽고 에너지 소모도 크다. 두 발로 서야 하고 목도 아프다. 인간의 뇌는 전체 몸무게의 2~3퍼센트밖에 차지하지 않지만 휴식 상태에서 신체 에너지의 25퍼센트나 소비한다. 다른 거대 원숭이들의 뇌가 같은 조건에서 소비하는 에너지는 8퍼센트 수준이다. 그런데도 이런 뇌가 축복일 수 있을까? 딱 잘라 말하기는 어렵다. 인간은 이 새로운 뇌의 능력에 힘입어 차츰 다른 영장류와 차별화되었다. 도구를 만들고 불을 길들이기 시작한 것이다. 지금까지도 지구상에서 불을 다스릴 수 있는 동물은 인간뿐이다. 30만 년 전부터 인간은 불을 피우고 살았다. 이로써 인간의 연약함을 어느 정도 상쇄하고 추위와 거대 포식자를 피할 수 있었다. 그러다 음식을 익혀 먹으면 맛도 좋고 소화도 잘된다는 것을 깨달았다. 인간은 요리를 하기 시작하면서 뇌가 필요로 하는 에너지와 시간의 짐을 덜었다. 게다가 식사는 사회화의 토대가 되었다. 인간은 밥을 나눠 먹는다는 점에서 다른 동물들과 구별된다. 함께하는 식사와 요리의 즐거움은 지금도 여전히 인간 공생의 핵심이다. 이 핵심을 보전해야 한다!

거대한 뇌에는 다른 의의도 있다. 4만 5000여 년 전에 이른바 '인지 혁명'이 일어났다. 인간이 추상적 사고를 하게 된 것이다. 인간은 개념의 형태로 사유하고 사건의 결과를 예측하고 가설을 세우고 원인과 결과를 연결하고 다양한 전개를 상상할 수 있게 되었다. 그렇게 인간은 존재하지 않는 바나나를 두고 다툴 수 있는 유일한 동물이 되었다. 그 후로 잠시도 쉬지 않고 점점 더 추상적인 세계에 정신적으로 틀어박혔다. 알맹이도 없는 가설을 두고 다투는 사람들을 잠시 관찰해 보라. 축구 경기의 결과 예측, 장차 있을 내각 개편, 아직 입후보 명단도 나오지 않았는데 선거 결과를 두고 열을 올리는 광경……. 그들은 존재하지 않는 가상의 바나나를 두고 싸우는 옛날의 그 원숭이들이다.

안타깝게도 추상과 예측 능력이 인간에게 알려 준 것은, 나는 연약하고 언젠가는 반드시 죽는다는 사실이었다. 그래서 인간은 엄청난 겁쟁이가 되었다. 추상적 사유로 가득 찬 거대한 뇌 속에서 공포는 부풀어 올라 창의성을 침식했다. 그때부터 인간은 명실상부한 살육을 시작했다. 우리는 이 시기 이후의 역사에서 살육의 흔적들을 발견할 수 있다. 흉악한 계략이 인간의 특기가 되었고 인간은 수천 년에 걸쳐 점점 더 고도로 발달한 무기를—쇠뇌, 소총, 대포, 원자 폭탄에 이르기까지—찾게 되었다. 그리고 사피엔스는 이미 최악을 준비하고 있었다. 동의어 사전에서 '대살육hécatombe'을 찾으면 '학살' '살해' '도살' '피 흘림' '희생' '인신공양' '척살' '일소' 그 외에도 여러 동의어가 나온다.

나는 그 목록이 인간의 추상 능력을 충분히, 여실히 보여 준다고 생각한다. 인간은 스테이크를 썰기 위해서 소 떼를 죽일 수 있다. 마찬가지로 자기 동족에 대해서도 신속한 결단을 내릴 수 있게 되었다. 인간의 역사는 전쟁과 학살로 점철되어 있지 않은가.

유발 노아 하라리는 "관용은 사피엔스의 트레이드마크가 아니다"라고 온건하게 말한다.[1] 인간은 약 4만 5000년 전부터 자기 앞길에 방해가 되는 것은 뭐든지 죽이고 보는 무뢰배였다. 언젠가는 우리가 받아들여야 하리라. 또한 우리의 공포를 관리하는 다른 방법을 배워야 하리라. 한편, 인간은 신통하고 집요하며 심지어 무모하기까지 한 원숭이다. 인간은 격랑 속에서 폭우를 상대하고 까마득한 산을 오르고 도로와 교량과 대성당과 고층 빌딩을 건설하고 목숨을 걸면서까지 우주 정복에 나선다.

그래서 인간을 우러러보지 않을 수는 없다. 인간은 먹이사슬의 가장 높은 곳에 올랐고 개인적으로 '혁명'을 이어 나갔다. 4만 5000여 년 전부터 인간은 부단한 노력으로 자기를 둘러싼 세계를 해독하고 지배해 왔다. 이 작은 원숭이는 지칠 줄 모르는 호기심으로 이 세계의 모든 것을—크게는 우주까지, 작게는 소립자^{2}까지—관찰하고 연구했다. 모든 것이 점점 빠르게 진척되었다. 발견과 진보는 연달아 일어나고 차곡차곡 쌓였다. 어떤 연구는 불안한 구석이 없지 않은 데다 윤리적으로 문제 삼을 만했지만 앞으로 나아가는 것은 황홀했다. 역설적이게도 인간이 스스로 합리적이고 과학적이라고 믿을수록 자기 발등을 찍는 것 같다. 현재 진보는 문제를 해결하기보다는 만들어 내고 있다고 해도 과언이 아니다. 하지만 인간이 4만 5000여 년 전부터 새로운 국면으로 접어들었다면 살아남고 변화될 또 다른 국면을 찾을지도 모른다. 이 사태에서 벗어나기 위해 인간은 또 무엇을 만들어 낼까? 4만 5000년 후의 사피엔스들은 우리 시대에 대해서 뭐라고 이야기할까?

'호모 사피엔스Homo sapiens'는 '지혜로운 인간'이라는 뜻이다. 오늘날의 인간을 생각할 때 '지혜롭다'라는 형용사가 맨 먼저 떠오르지는 않는다. 그렇긴 해도 이 작은 원숭이는 그렇게 본데없는 놈은 아니기 때문에 여전히 흥미롭고 매력적이다. 인지 혁명이 있었기에 천재, 예술가, 감탄할 수밖에 없는 이야기꾼도 있었던 게 아니겠는가. 물론 인간이 언어를 습득한 다음부터 말이다. 시를 읽거나 그림

을 감상하거나 교향곡을 듣기만 해도 인류에게 1300세제
곱센티미터짜리 뇌가 있어서 얼마나 다행인지 실감할 수
있다.

인지 혁명으로 얻은 것과 잃은 것

약 4만 5000년 전 인류는 스스로 깨닫지 못한 채 자신
의 정신이 만들어 낸 상상적 현실에 갇히기 시작했다. 인
류는 인과 관계, 이론, 규칙, 법칙을 만들었다. 그것들은 확
실히 유용했지만 추상적이고 임의적이었다. 그리고 인간
은 너무 빨리 그 사실을 잊어 버렸다.

나는 인간을 내 집 정원에 이따금 나타나는 인근 숲의
여우와 비교하고 싶다. 여우는 시계도 없고 여권도 없고
신용카드도 없다. 여우는 울타리고 뭐고 아랑곳하지 않고
'나의 사유지' 울타리 밑으로 기어들어 온다. 하지만 여우
가 길을 가로지른 것이 아니라 도로가 여우의 터전을 가로
지른 것이다. 내가 새들에게 먹이를 줌으로써 자연의 질서
를 교란했고, 여우는 내가 마련해 놓은 먹이 저장고를 사

용하러 내 집 정원에 나타났을 뿐이다. 잔디밭에서 여우에게 잡아먹힌 새들의 깃털을 수시로 발견하는 건 곤혹스럽지만 배고픈 여우를 막을 수 있는 방법은 없다. 굶주림에 못 이겨 음식을 '훔치는' 행동을 오직 인간만이 범죄로 취급하고 처벌한다.

우리는 이른바 '문명화된' 일상 환경에 익숙해진 나머지 우리가 따르는 규칙의 임의성을 전혀 보지 못한다. 이따금 우리 자신과 관련된 사안에서만, 어김없는 규칙의 허상을 섬광처럼 감지할 뿐이다. 나는 우리의 생활방식이 얼마나 인위적인지 주위 사람들에게 설명하려고 노력해 봤다. 그러나 그들은 놀라워하며 이해할 수 없다는 반응을 보였다. 이 상상적 현실의 집단 최면 효과는 믿을 수 없이 강력하다. 하지만 나도 끈질긴 걸로는 알아주는 사람인지라 쉽게 포기하지 않는다.

가장 이해하기 쉬운 예로 거래에 사용되는 화폐, 즉 돈 개념을 들어 보겠다. 본위 화폐에는 우리가 부여하는 가치밖에 없다. 금은 장신구로 즐겨 활용된다는 점을 제외하면 사실 별것도 아닌, 그냥 좀 무른 금속에 불과하다. 왜 금에 그렇게 가치를 부여하는가? 마찬가지로, 1달러 지폐라는 초록색 종이에는 상징적 가치밖에 없지만 지구에 사는 거의 모두가 그 가치를 인정한다. 자기계발 업계에서는 돈의 가상적 성격에 대한 우화를 즐겨 인용한다. 어느 여행자가 작은 도시에 왔다. 그는 예약해 놓은 호텔에 도착해서 보증금으로 100달러 지폐를 내고 시내 관광을 하러 갔다. 호텔 직원은 그 100달러로 세탁소 청구비를 해결했다. 세탁소 주인은 이제 막 수리를 마친 자동차를 찾으러 정비소에 가서 그 돈으로 수리비를 냈다. 정비소 주인은 그 100달러를 빵집에서 썼다 …… 그렇게 돌고 돌던 100달러 지폐는 누군가가 호텔에서 성대한 한 끼 밥값으로 쓰는 바람에 도로 호텔 프런트로 왔다. 그때쯤 여행자도 호텔로 돌아왔다. 그는 다음 일정 때문에 체크아웃하며 호텔 측에 보증금 반환을 요청했다. 호텔 직원은 그가 냈던 100달러 지폐를 돌려주었다. 그 지폐는 그동안 엄청난 금액의 지불에 쓰이고도 원래 주인에게 그대로 돌아간 것이다. 이 우화는 돈의 가상적 측면을 보여 준다. 경제학자라면 이런 식의 추론에서 오류를 지적하겠지만 그래도 괜찮다. 우리는 여기서 회계를 따지는 게 아니다. 나는 이 우화가 좋다. 내 집 정원에 출몰하는 여우가 신용카드를 모른다는 사실을 되새기기 좋아하는 것도 같은 맥락에서다.

시간 개념도 마찬가지다. 여러분이 이 글을 읽는 이 순간의 날짜와 시각은 어렵잖게 확인할 수 있다. 이를테면 나는 지금 이 글을 2021년 1월 1일 월요일 오전 9시 26분에 쓰고 있다. 그런데 2021년 새해 첫날이라니, 무슨 기준으로 그렇게 말할 수 있는가? 음력 새해, 소의 해 첫날은 오는 2월 12일이다. 프랑스 대혁명 공화력 기준으로는 (내가 제대로 헤아렸다면!) 230년 비의 달 첫 순旬의 첫날이다. 그리고 도쿄의 현재 시각은 오후 4시 26분, 모스크바는 오전 10시 26분, 로스앤젤레스는 자정을 조금 넘긴 0시 26분이다. 내가 비행기나 로켓을 탄다면 시간 개념은 더욱 골치 아파진다. 이를테면 내가 로켓을 타고 출발했는데 출발 전날에 도착할 수도 있다. 이 경우, 나의 현재 시각은 어떻게 되는가? 여우는 이런 일을 어떻게 생각할까? 내가 무슨 말을 하고 싶은지 알겠는가? 인간이 만든 게임의 규칙들에는 가상적이고 임의적인 면이 있다.

앞서 간단히 언급했지만 인간이 새로이 갖게 된 추상 능력의 첫 번째 기제는 '예측'일 것이다. 인간은 미래에 자기를 투사할 수 있다. 그로써 사피엔스의 공포는 증폭되었다. 인간의 공격성과 잔인성이 상당 부분 그 공포로 설명된다. 우리는 위험에 둘러싸여 오돌오돌 떠는 연약한 동물의 생물학적 기억을 간직하고 있다. 지금은 언제 어디서 목숨을 잃을지 모른다는 지각이 가당치 않다. 이제 인간에게는 인간 외의 포식자가 없기 때문이다. 그러나 인간은 공포의 가상 감옥에 엄폐되어 있다. 심리 상담사를 찾는 사람들은 대부분 실질적 고통을 안고 있지만 그보다 무의식적 공포가 더 크다.

저장과 축적은 결핍 공포에서 나온다. 이 풍요의 세상에서 자라는 사과나무에는 인간이 다 먹지도 못할 만큼 많은 양의 사과가 열린다. 그래도 사피엔스는 품귀에 대한 두려움에 갇혀 있고, 이 때문에 역설적으로 낭비하는 버릇에 갇히고 만다. 농경, 특히 종자 확보의 필요성이 여기에 일조했을 것이다. 하지만 저장과 축적은 공포의 반사 작용이다. 그러한 반사 작용은 저장 가능한 모든 것에 유효하다. 식량, 땔감, 돈, 어느 것도 예외가 아니다. 저장은 다시 결핍을 낳고, 소중한 비축품이 재수 없게 파괴되면 그것이야말로 곧 재앙이다. 나쁘다고 하기에는 이런 일이 수시로 일어난다. 사피엔스는 이 메커니즘을 아직 이해하지 못했다. 프랑스에서 팬데믹으로 인한 봉쇄의 위협은 화장지 품절 사태를 일으키기도 했다.

겁에 질린 작은 원숭이는 자기를 지키기 위해 집단의 결속에 크게 의지했을 것이다. 그래서 협동 능력이 예외적으로 크게 발달했다. 가족 관계를 의식과 규칙, 그리고 그에 수반되는 금기와 처벌의 대상으로 삼지 않는 인간 집단은—아무리 원시적인 집단일지라도—존재하지 않는다. 여기서 사피엔스 인지 혁명의 긍정적인 면을 볼 수 있다. 인간은 사회 규범, 규칙, 법을 자기 자신에게 적용함으로써 효율적으로 힘을 합칠 수 있는 집단의 규모를 훨씬 크게 키울 수 있었다. 이것이 상징의 마법이다.

자기 뇌가 만들어 낸 공포에 사로잡힌 작은 원숭이, 그리고 위험하다고 인식되는 환경을 통제하려는 이 원숭이의 강박적 욕구 때문에 인간 사회의 규칙들은 점점 더 복잡해졌다. 부조리한 규칙들, 서로 모순되는 규칙들이 생겼다. 인간은 그런 규칙들을 따르기 위해, 서로 엇갈리는 규칙들에 다시 일관성을 부여하기 위해 진을 뺀다. 우리는 얼마나 이상한 세상에서 살고 있는가? 무슨 일이 일어났을까? 어쩌다 이 부조리한 상상적 세상을 현실로 인식하게 됐을까?

점점 더 복잡하고 제약적이며 반反자연적인 규칙들에 갇혀 사는 '문명화된' 사회의 주변부에서, 세상의 몇몇 외진 고장에서, 가령 에스키모나 오스트레일리아 원주민, 아마존 열대 우림 원주민, 아프리카 부시먼은 20세기까지도 자연환경과 조화를 이루며 살았다. 혹자는 그들을 '미개인', 심하게는 '박약아' 취급하지만 사실 그들은 생태학적 쾌거를 이룬 것이다. 더욱이 자크 네이링크[3]는 기술이 장인들의 소관이었던 시골 사회가 생태학적으로는 완벽하다고 본다. 각 지역은 거의 자급자족을 했고 재생 불가능한 에너지 비용은 그리 높지 않았으며 생태계를 파괴하지 않는 선에서 농사를 지었다. 12세기의 프랑스는 이 균형에 도달해 있었고 인구 조절을 선택함으로써 그 상태를 오래 끌고 갈 수도 있었겠지만 그 무렵부터 십자군 원정이 시작됐다. 원시 부족들의 상상적 현실은 본받을 만한 것이다. 그 현실은 변치 않는 계절의 변화와 생애 주기를 통하여 자연환경에 녹아들어 있다. 그러나 현대성을 따라가는 숨 가쁜 질주는 점점 미래로의 도피를 닮아가고 있다.

우리를 최면 상태에 빠뜨린 상상적 현실 속에서 함께

살기 위한 규칙들은 보드게임 규칙들만큼이나 임의적이다. 그런데 어떤 사람들은 왜 그렇게 쉽게 규칙들을 수용할까? 반면, 어떤 사람들은 왜 그렇게 쉴 새 없이 규칙들을 문제 삼을까? 무엇보다, 어떤 사람들은 왜 규칙의 한계를 시험하고 양심에 거리낌도 없이 위반하는 걸까?

상상할 수 있는 모든 것을 넘어선 가상 세계

> 우리는 세상을 지각하기 위해 준비한 것으로만 세상을 지각한다. 어느 수학자가 말하길, 체계를 이해하려면 체계 밖으로 나와야 한다.
> —베르나르 베르베르

어떤 사람들은 현대인의 삶이라는 게임의 규칙과 코드를 임의적이지만 다분히 실용적인 것으로 파악한다. 인위적이고 가상적인 방식으로 땅에 그어 놓은 선을 국경이라고 하지만, 어떤 사람들에게 국경은 분명히 의미가 있다. 어떤 나라에서 국경을 한 발짝만 넘어가면 다른 나라라는 생각 역시 일반적으로 받아들여진다. 심지어 그 국경이 마을 중간을 지나기도 하고, 그래서 길 하나를 사이에 두고 양쪽 주민이 전혀 다른 법을 따라 살기도 한다. 우리는 이 상상의 선이 영토 전쟁의 결과로 변경될 수도 있다는 사실을 쉽게 잊는다. 이 사회 혹은 저 사회의 시민을 결정하는 것은 강자들의 권력 관계와 정치적 목표뿐이다. 수 세기 동안 독일인이었다가 프랑스인이 된 알자스 사람들은 무슨 말인지 잘 알 것이다!

됭케르크는 1658년 6월 25일에 '미친 하루'를 보냈다. 이 도시는 그날 아침에는 스페인령이었다가 정오에는 프랑스령이었으며 저녁에는 영국령이었다. 그렇지만 이토록 상대적인 개념인 '조국'을 위해서 목숨을 바치는 것이 마땅하다고 생각하는 사람들은 여전히 많다.

마찬가지로, 자연과 자연을 찍은 사진은 다르다. 사진은 물리적 사물이지만 자연은 아니다. 필름은 실제로 존재하는 사물이지만(이제 이미지를 고정하는 데 필름을 잘 사용하지 않지만) 영화는 물질이 아니다. 이렇게 우리는 현실과 상상을 구분할 줄 안다고 생각한다. 하지만 특수 효과나 보정 소프트웨어, 정부의 디지털화 사업과 선전 정책으로 우리는 점점 더 현실과 분리되어 살게 되었다. 기자들이 샌드라 불럭과 조지 클루니에게 〈그래비티〉의 우주 장면을 찍으면서 무섭지 않았냐고 물어본 것은 그러한 착각의 극치를 보여 준다. 인간은 이렇듯 생물로서의 자신과 괴리된 채 딱히 정당할 것도 없는 규칙들을 따르며 영구적 최면에 빠진 것처럼 자신의 추상 속에 갇혀 산다. 이 사실을 깨달은 사람은 그리 많지 않다.

동굴 속에서 사는 인간

기원전 400년에 플라톤은 이미 이 최면 상태에 의문을 품었다. 그는 동시대인들을 일깨우기 위해 동굴의 비유를 들었다. 이 은유에 따르면, 인간들은 사슬에 묶인 채 어두운 동굴 속에서 살고 있다. 동굴 바깥의 빛은 그들의 등 뒤에만 비친다. 그들은 동굴 벽에 비치는 자신의 그림자가 생의 전부라고 믿고 산다. 플라톤은 일찍이 이 사실을 확인할 수 있었다. 동굴 속의 죄수 하나가 족쇄에서 풀려나 동굴 밖으로 나갔다 오더라도 동굴에 갇혀 있는 사람들은 그의 이야기를 믿지 않고 그대로 어둠 속에서 사는 편을 선택할 것이다. 리처드 바크도 소설 《갈매기의 꿈》에서 우리를 최면 상태에서 끌어내기 위해 플라톤과 비슷한 은유를 사용했다. 하지만 우리는 세상이 우리가 생각하는 것보다 더 인위적이라는 자각을 더 멀리 밀고 나갈 수 있다. 에리크에마뉘엘 슈미트Éric-Emmanuel Schmitt는 《이기주의자들의 종파La secte des égoïstes》에서 "나를 둘러싼 세상이 나의 상상의 산물에 불과하다면?"이라는 질문을 던진다. 작가는 유머와 깊이를 잃지 않고 주인공을 통해 이기주의의 모든 철학적 면모를 살펴본다. 단, 그는 이기주의자를 이렇게 정의한다. "세상에 자기만 존재하고 나머지는 다 공상에 불과하다고 생각하는 사람을 이기주의자라고 하자." 이 소설은 보편적 주제를 건드리기 때문에 아찔하다. 자기 감각에 농락당한 기분, 현실인지 착각인지 헷갈리는 기분을 한 번도 느껴보지 않은 사람이 있을까? 슈미트는 주인공 가스파르 랑게나에르의 입을 빌려 이렇게 말한다. "나는 내 감각들의 기원이다. 색깔, 형체, 냄새로 이루어진 이 세계의 창조주는 나 자신이다. 여러분이 꿈을 꾸고 있다면 그 꿈은 여러분이 만들어 낸 것 아닌가? 여러분이 아메리카 대륙을 향하여 바다를 건너가고 있다고 상상할 때 그 바다에서 일어나는 파도 역시 상상의 산물이 아닌가? 당연하다, 꿈이니까. 그게 꿈이라는 것을 무엇이 가르쳐 주는가? 각성이 가르쳐 준다. 여러분이 생에서 깨어나 보면 어떨까? 그렇다, 지금 이 순간이 꿈이 아니라고 누가 확언할 수 있을까?"

플라톤도 가스파르처럼 인간이 자기 감각에 휘둘려 허상 속에서 산다고 확신했다. 직접 감지되는 현실은 참다운 실재가 아니다. 양자 물리학은 이러한 믿음에 힘을 실어 주는 듯하다.

현기증 나는 양자의 세계

사실주의자는 사실을 보는 자인가? 객관성을 견지하는 서술도 관찰자의 지각에 제한된다는 점에서 편파적일 수밖에 없다. 과학적 사실주의조차도 새로운 사실이 발견되면 수정될 수 있다는 점에서 상대적이다. 양자 물리학은 나와 현실의 관계에 의문을 던지고 내가 지각하는 개념들을 재고하고 새로운 개념들까지 상상하게 한다. 가령, 우리는 19세기 이래로 빛의 파장 가운데 상당 부분은 육안으로 볼 수 없다는 것을 안다. 그러한 파장은 전파, 극초단파, 적외선, 가시광선, 자외선, 엑스선, 감마선 등으로 분류된다.

현재 물리학자들은 세계가 모든 수준에서 양자적이라고 본다. 그들이 보기에 고전 물리학은 인간의 감각 층위에서 유용하지만 세계를 대략적으로 파악하는 데 불과하다. 고전 물리학은 감각으로 파악 가능한 세계만 설명할 수 있는 반면, 양자 물리학은 감각이 접근할 수 없는 세계, 무한히 작은 것의 세계까지 탐구한다. 이 세계의 양태는 이해하기 어렵고 직관에 어긋나기 때문에 오직 수학자들만이 설명할 수 있을 것이다. 그러므로 양자 물리학은ㅡ연구의 현 단계에서는ㅡ우리가 알 수 있는 것만 기술할 수 있고 현실을 항상 기술할 수는 없다.

이 주제는 흥미롭지만(그렇지 않은가?) 양자 물리학이라는 분야에 깊이 들어갈 생각은 없다.[4] 내가 양자 물리학에서 주목한 것은 시간 개념, 특히 전면적으로 재고된 과거와 미래 개념이다.[5] 사물은 편재성을 누리고 입자들은 아주 멀리 떨어져서도 서로 소통한다. 무엇보다, 가능성들을 구체화하는 것은 관찰자의 존재다. 하나의 개연성으로 남아 있는 원자를 의식이 구현하는 것이다. 이것은 사피엔스의 주관성과 다르지 않다. 나는 나를 둘러싼 개연성들 속에서 내가 지각할 수 있고 지각하고 싶은 것을 지각한다.

암흑 에너지와 암흑 물질이(혹은 그에 대한 가정이) 발견됐지만 우리는 우주의 95퍼센트를 차지한다는 암흑 에너지와 암흑 물질이 무엇으로 이루어져 있는지는 모른다. 요컨대, 우리는 우리를 둘러싼 환경을 5퍼센트만 지각할 수 있다. 진공에도 에너지가 있고, 그것은 가상 상태의 물질이 지닌 에너지다. 휴 에버렛Hugh Everett의 다중 우주 가설은 하나의 우주를 관측하는 순간 모든 가능한 우주가 동시에 실현된다고 상정한다. 현기증 나는 무한이다!

양자 물리학이 세계가 사물이나 사실보다 잠재성 혹은 가능성으로 이루어져 있다고 상정한다면 우리를 둘러싼 세계가 허상적이고 상상적이라는 확신은 더욱 강화된다. 인간의 뇌는 양자적인가? 과학자들은 뇌가 양자 컴퓨터처럼 작동하고 양자 프로세스가 의식을 출현시켰을 거라는 가설을 내놓았다. 또 다른 연구자들도 이러한 가설이 '사이비 과학자'들이 내놓은 '사이비 학설'로 매도되는 데 유감을 표한다. 사실 이 연구 분야는 이제 겨우 시작이기 때문이다.

자기계발 쪽에서는 이러한 이론들이 되레 잘나가는 듯하다. 양자적 혹은 '사이비 양자적' 접근이 꽤나 호평을 받는다. 미국의 조 디스펜자Jeo Dispenza 박사의 저서와 세미나라든가, 러시아 양자 물리학자 바딤 질랜드Vadim Zeland의 작업은 대단한 성공을 거두었다.[6] 아직 증명된 것은 아무것도 없고 양자 물리학과 자기계발의 호환이 못마땅한 사람들도 꽤 있을 것이다. 하지만 양자 물리학의 정신에는 각각의 실험자가 자기에게 떠오르는 심리적 가능성을 구현하게 하는 것이 지극히 마땅한 일이다.

양자 물리학은 매혹적이지만 아직 알려지지 않은 부분들이 많다. 언젠가 사피엔스는 그 부분들을 규명해야 할 것이다. 우리는 원자를 탈 없이 조작할 수 없다.

자크 네이링크는 말한다. "히로시마에서 물리학자들은 선악과를 먹은 아담처럼 순수를 잃고 말았다. 그들은 자기들이 벌거벗었고 절대 무고하지 않다는 것을 알았다. 더없이 순수한 연구도 절대 악으로 더럽혀질 수 있다. 그들이 모르는 사이에, 그들이 원하지 않더라도, 그들은 반대할 수

조차 없게끔……. 원자 폭탄은 가장 똑똑하고 가장 사심 없으며 가장 평화를 사랑하는 인간들의 연구가 불가피하게 불러온 결과였다."[7]

지난 20~30년 사이에 인류는 집단 자살의 수단을 확보했다. 과학의 신용을 떨어뜨리고 황당하게 사용하는 방법으로 이보다 더한 것이 또 있을까.

아직도 인간 세계의 허상적 측면을 의심하는 사람들에게 과잉 무장 정책의 핵 억제력 역시 상상적 차원에나 있는 것이다. 무기를 충분히 비축함으로써 평화를 지킬 수 있다는 핵 억제력의 명분은 어불성설이다. 폭탄이 많을수록 그걸 터뜨릴 위험은 줄어든다? 생을 유지하기 위해서 생을 위협해야 한다? 재앙을 일으킬 준비가 되어 있음을 보여 줘야만 재앙을 피할 수 있다? 이 어이없는 악순환은 사피엔스가 지나치게 빨리 진화된 원숭이라는 것을 알려 준다. 인간은 기술의 첨단에 있다지만 아직도 상대를 겁주기 위해 활짝 편 가슴을 주먹으로 두들기고 괴성을 지르기에 급급하다.

나는 사피엔스의 인지 혁명의 함의를 왜 이렇게까지 열심히 설명하는 걸까? 우리가 얼마나 자기 자신의 감각 체계, 뇌, 생각에 갇혀 사는지 이해했으면 해서다. 우리는 자기가 만들어 낸 상상적 현실에 갇혀 있지만 이제 거기서 어떻게 벗어날 수 있는지 모른다. 무엇이 참이고 무엇이 거짓인지, 수고할 가치가 있는 것은 무엇이고 그럴 가치가 없는 것은 무엇인지 어떻게 아는가? 누가 옳고 누가 그른가? 일반 사고인들이 직관에 어긋난다고 생각하는 것이 정신적 과잉 활동인에게는 그렇지 않을 수 있고, 그 반대일 수도 있다. 어쩌면 일반 사고인과 정신적 과잉 활동인이 서로 다른 동굴에 사는 건지도 모른다. 하지만 그중 어느 쪽도 동굴 밖에서 상쾌한 공기를 마시고 산다고 주장할 수는 없다.

오늘날의 인간은 부조리하고 일관성 없으며 가상적 성격이 두드러지는 세계에 갇혀 있다. 이 유폐는 점점 더 위험해진 나머지 자기 파괴를 걱정해야 할 지경이다. 사피엔스의 다음번 혁명은 무엇인가? 광기에 빠지고 말 것인가?

×

◆

×

사피엔스는 추상적 사유를 할 수 있게 되면서 미래를 예측하고 인과 관계를 수립하게 되었다. 그래서 사피엔스의 삶은 어떤 면에서 단순해졌고 또 어떤 면에서 복잡해졌다. 무엇보다, 사피엔스는 자신이 벌거벗은 연약한 존재이며 사방은 위험천만한 아수라장이라는 것을 깨달았다. 그렇게 인간은 실존적 불안이라는 것을 아는 유일한 동물이 되었다. 이것이야말로 인간에게 일어날 수 있는 최악의 일이었다. 이미 불안을 막연히 느끼고 있었는데 그 불안이 얼마나 무시무시한지 알아버린 것이다. 실존적 불안은 크게 네 가지 주제, 즉 죽음, 고독, 자유, 생의 의미로 분류된다. 인간이라면 누구나 궁극적 목표를 의식할 때 가슴이

죄어드는 것을 느낀다. 선악과를 따먹고 에덴동산에서 쫓겨난 아담과 이브는 아마도 인간 진화의 이 단계에 해당할 것이다. 지옥은 우리의 머릿속에 있다.

실존적 불안은 바닥이 보이지 않는 낭떠러지다. 우리는 그 아래로 떨어질까 봐 두려워한다. 우리 모두 광기 너머로 갈 수 있다는 것을, 죽음보다 더 끔찍한 정신의 붕괴에 처할 수 있다는 것을 느끼기 때문이다. 그 공포가 너무 크다 보니 인간은 자기를 그 정신적 심연에서 보호하기 위해 강력한 방어 기제를 마련해야 했다. 사실 우리 모두 그 협곡의 좁고 험한 길을 바들바들 떨면서 걸어 본 경험이 있다. '나는 언젠가 죽는다.' '나 한 사람만이 내 행동과 내 인생의 선택에 책임이 있다.' '(내) 인생은 아무 의미도 없다.' 이 명백한 진실들은 생의 여러 단계에서 우리의 마음을 어지럽힌다.

희한하지만 불안이 공포보다 무섭다. 불안 발작이 일어날 때 우리는 정말로 불안해 죽을 것 같고 미칠 것 같다. 그래서 인간은 늘 불안을 공포로 위장하려 든다. 적어도 공포는 합리적인 척이라도 할 수 있으니 말이다. 어빈 얄롬 Irvin Yalom은 《실존주의 심리 치료》[1]에서 사람들이 얼마나 실존적 불안을 부정하면서 살아가는지 지적한다. 심지어 심리 치료사들도 (마땅히 느낄 수 있는) 죽음 불안을 대하면서 '더욱 근원적인' 공포를 찾으려 든다. 게다가 불안은 혼자 느끼는 것이다. 주위 사람들은 여러분의 비탄을 안됐다고 생각하지만 정말로 이해하거나 똑같이 느낄 수는 없다. 같은 맥락에서, 공포는 감염된다는 장점이 있다. 아마 여러분도 이미 관찰했을 것이다. 공포를 느끼는 사람은 그 공포를 정당화하기 위해 다른 사람들에게 전달하려 든다. 우리는 자기 마음을 다스리기보다는 공포의 정당성을 납득시키는 데 최선을 다한다. 같은 공포를 여럿이 나눠 가지면 희한하게 안심이 된다.

마지막으로, 불안은 무력감과 관련이 있다. 공포는 적어도 대처할 수 있다는 환상을 불러일으킨다. 인간이 거대한 뇌로 공포를 만들어 내는 데 그토록 많은 시간을 보내는 이유가 여기에 있는지도 모른다. 우리의 불안을 그럴싸하게 변조하기 위해서 말이다.

그렇지만 삶의 궁극적 목적들에 의문을 품는 것은 마땅한 일이다. 나는 진정 누구인가? 나는 왜 여기에 있는가? 나는 내 삶에 어떤 의미를 부여할 수 있는가? 내 삶이 언젠가는 끝난다는 생각을 안고서 어떻게 살아야 하나? 얼마나 중요한 질문들인가!

인간은 이 근본적 질문들이 불러일으키는 불안 발작을 다스리기 위해 그런 질문들을 품지 않은 척하는 방어 기제를 마련했다. 안타깝게도 인간은 대개 양자택일밖에 모른다. 진실 아니면 현실 부정, 그리고 둘 다 불안을 부풀리기는 마찬가지다. 여러분이 낭떠러지 바로 옆 좁은 도로에서 차를 몬다고 치자. 낭떠러지를 부정하는 것도, 그곳이 해발 몇 미터인지 확인하는 것도 공포를 자아낸다. 그리고 빌어먹을 불안도 마찬가지다.

사람들은 대개 현실 부정을 택한다. 낭떠러지와는 적당히 거리를 두고 실존을 잊기 위해 생각을 다른 데로 돌린다. 수다를 떨고 기분 전환을 하고 이야기를 주고받고 함께 시간을 보내고 중독으로 도피한다. 그러나 몇몇은 진실을 선호한다. 그들은 쉴 새 없이 구덩이를 들여다보고 당장 그 구덩이를 막아야 할 것 같은 기분을 느낀다. 여러분도 알다시피, 그들에게 문제는 해결하라고 있는 것이고 모든 문제에는 반드시 답이 있어야 하니까.

철학자들 대다수는 후자의 태도가 옳다고 생각하며 실

존적 불안을 마주하는 것이 치료 효과가 있다고 본다. 그렇지만 오늘날 이 태도를 선택하는 사람은 극히 드물다. 기분 전환으로의 도피가 훨씬 더 흔한 선택이다. 현실 부정으로 도망칠 것인가, 현실을 마주할 것인가? 그건 중요하지 않다. 저마다 자기에게 맞는 방법을 택하면 된다. 그래서 심리 치료 전문가들도 자신들이 찾은 해결 방법을 다른 사람에게 무조건 권하는 야만적 치료는 하지 않는다.

그런데 정신적 과잉 활동인들은 모두에게 실존적 불안을 마주하기를 권하는 경향이 있다. 보고 싶지 않다는 사람을 억지로 낭떠러지 끝까지 끌고 가서 저 아래를 굽어보라고 하는 식이다. 정신적 과잉 활동인들은 대부분 이러한 태도 때문에 미움을 산다. 아이들이 약간 그렇다. 아이들은 어른들의 짙은 불안을 깨우는 질문을 퍼붓는다. 하지만 어른들이 불편해하니까 아이들도 금세 그런 질문을 삼가는 법을 배우고 차츰 자기 자신에게도 더 이상 질문하지 않게 된다. 그래도 어떤 아이들은 어른이 되어서도 여전히 왜 그런 질문을 하면 안 되는지 이해하지 못한다. 찔리는가? 알았으면 됐다!

이제 충분히 이해가 됐을 테니 한 발짝 물러나 여러분

스스로를 관찰해 보자. 여러분이 나누고 싶어 하지만 주위 사람들은 불편해하는 대화는 내부분 그러한 실존적 불안을 자극한다. 다른 사람들은 필사적으로 피하고 있는데 여러분은 상처에 덮인 딱지를 피가 나도록 긁어 대는 셈이다. 그렇다, 죽음의 공포에 등 돌리고 다른 생각을 하고 싶어 하는 사람이 더 많다. 양심에 비추어 돌이켜 보라. 가장 마지막으로, 준비가 되어 있지 않은 사람에게 이런 대화 주제를 꺼냈던 때는 언제인가? 사흘 전보다 더 오래되지는 않았을 텐데? 이제 여러분이 대화 상대에게 얼마나 일방적이고 지나친 요구를 했는지 알겠는가? 여러분이 사회에 통용되는 코드를 이해하기로 작정했다면 일반 사고인들이 실존적 불안을 관리하는 방식에 관심을 두는 것이 중요하다. 내 방식이 옳다는 생각은 접어라. 어쨌든, 그러한 불안은 평생 마주하든지 평생 회피하든지 죽어야 끝나기는 누구나 마찬가지다.

신경전형인들의 세상에서는 답도 없는 실존적 질문에 괴로워하고 싶지 않으면 그냥 질문을 하지 않으면 된다. 그게 상식에도 맞는다. 자기 사유에 한계를 정해 두는 것은 건강한 일이다. 쓸데없는 고통을 피하고 싶다면 더 이상 의문을 품지 않고 무익한 질문을 의도적으로 멀리하면 된다. 답 없는 질문을 두고 자꾸만 생각의 가지를 뻗치는 것은 어리석고 피학적이며 병적인 태도다. 해소할 수 없는 불안을 관리하는 가장 좋은 방법은 그러한 불안에서 도망치는 것, 그냥 잊고 다른 생각에 몰두하는 것이다. 다른 사람들과 소통을 나누고 기분을 전환하면 그것으로 충분하다. 심심풀이와 집단적 결속은 정신의 평화와 위안을 보장한다. 개인의 현실 부정은 집단의 현실 부정 속으로 수용된다. 저마다 모두의 심심풀이를 부양한다. 그런 식으로 '기분 전환'의 사회가 이루어진다. 기분을 전환한다는 것은 현실을 잠시 잊는 것, 그냥 놓아 버리는 것이다. 대부분의 사람들은 정신적 과잉 활동인에게도 그렇게 살라고 한다. 일반 사고인들은 매우 친절하게, 진심으로 우리를 생각해서 그렇게 권하는 것이다. 이런 말을 얼마나 자주 들었던가? "더는 생각하지 마! 이제 그만 다른 일로 넘어가! 왜 쓸데없이 끙끙 앓고 그래. 인생은 원래 그런 거야." 여러분은 왜 그 말을 듣지 않는가?

융합적이거나 영웅적이거나

실존 심리 치료는 인간이 실존적 불안을 다스리기 위해 '예로부터' 심리적 방어 기제들을 마련해 왔다고 가정한다. 나는 유드 세메리아[2]의 '융합적 기제'와 '영웅적 기제'라는 구분을 좋아한다. 그러한 명명이 어빈 얄롬이 사용한 '궁극적 구원자에 대한 믿음'이나 '개별감에 대한 믿음'보다 편하게 다가온다.

융합적 기제는 집단에 녹아들어 하나의 구성원이 되고 싶은 바람을 중심으로 구성된다. 이 기제는 여러 가지 포기를 뜻한다. 자신의 개별화, 독창성, 유일무이성 …… 그런 것들에 대한 포기를. 융합적 개인은 집단에 크게 의존하고 자신의 선택이나 책임을 집단에 양도한다. 집단에 딱붙어 있기 위해서 외부의 권위에 복종하고 자기 이익보다 집단 이익을 우선시한다. 여기에는 다른 사람들과 닮아가기, 다수의 취향이나 생각 좇기까지 포함된다. 융합적 기제는 네 가지 거부—성장 거부, 자기주장 거부, 행동 거부, 분리 거부—로 나타난다.

영웅적 기제는 융합적 기제와 거의 정반대다. 영웅적

개인은 자신의 유일무이성을 주장하고 자신의 연약함은 부정하며 위업을 달성하기를 원한다. 이런 사람은 한계를 뛰어넘으려고 애쓴다. 자신의 개인성을 실현하고 주장하는 데 두려움이 없다. 자기 취향이 뚜렷하고 의사결정이 자율적이다. 하지만 융합적 개인이 네 가지 거부에 기대는 바로 그 지점에서 영웅적 개인은 네 가지 환상—성숙 환상, 비중 환상, 권력 환상, 자급자족 환상—에 기댄다.

통제와 자율 욕구는 비이성적인 수준까지 치달을 수 있다. 가령, 의료진에게 모든 결정권을 양도하고 치료를 받느니 차라리 내 권한은 내가 쥐고 혼자 죽겠다는 사람도 있다. 의료진이 융합적 개인을 당연시하지 않고 이러한 기제를 고려한다면 환자가 요구하는 영웅적 대안을 제시할 수도 있을 것이다. 가령, 질병과 치료 과정에 대한 정보를 풍부하게 제공하고 환자가 협조하게 하는 식으로 말이다. 일부 의사들은 실제로 그렇게 하고 있다.

그런데 개인이 완전히 융합적이기만 하거나 완전히 영웅적이기만 한 경우는 거의 없다. 일반적으로 그 둘 사이에서 절충적 태도를 취한다. 자기가 남들보다 성숙하다는 생각이야말로 미성숙의 표시이고, 혼자만의 힘으로 살아갈 수 있다는 믿음은 지나치게 순진하다. 대개는 자기주장의 욕구와 집단에 받아들여지고자 하는 욕구 사이를 왔다 갔다 하면서 산다. 자크 살로메도 인간이 평생 자기주장의 욕구와 승인 욕구라는 모순적인 두 욕구 사이에 끼어 살면서 자기를 내세우면 타인들에게 승인받을 수 있다는 무의식적 환상을 품는다고 했다. 그는 또한 '성장'은 승인 욕구보다 자기주장 욕구를 우선시하는 것이라고도 했다. 하지만 대부분은 다른 사람들에게 동의와 승인을 얻는 것을 우선시하면서 살아간다.

이제 이 케케묵은 심리 기제들이 죽음, 고독, 자유, 생의 의미[3]라는 실존적 주제들에 어떻게 적용되는지 살펴보자.

죽음 불안

죽음을 두려워하는 사람은 삶도 두려워하는 경우가 많다. 그런 사람은 최후를 기다리며 숨도 조심조심 쉰다.

—자크 이줄랭

4만 5000여 년 전에 사피엔스는 자기가 언젠가 죽는다는 것을 알았고 그 생각을 견뎌 낼 방책을 고안했다. 그걸 어떻게 아느냐고? 구석기 말에 예술과 종교가 등장했기 때문이다. 이때부터 죽은 자는 매장되었고, 동굴 벽은 그림과 기호로 뒤덮였으며, 조각상과 장신구가 나타났다. 죽음에 대한 의식은 있었지만 같은 인간에게 살해당한다는 두려움은 아직 없었을 것이다. 고생물학자들은 이 시대의 유골에서 무기에 의한 상처의 흔적을 찾지 못했다. 또한 구석기 사회 자체가 전쟁이 일어날 수 없는 구조였다. 먹을 것을 찾아 계속 이동하는 소규모 집단에는 지켜야 할 땅이나 훔칠 만한 물건이 없었다. 갈등이 일어나면 약자가 얌전히 강자를 따랐다.

　인간은 땅과 재화를 갖기 시작하면서부터 자기 아닌 다른 인간을 두려워할 이유가 생겼다. 하지만 최악에 대한 공포가 최악을 약속하게 되는 경우도 적지 않다. 두려움이 어느 선을 넘으면 위협이 통하지 않는다. 인간은 공포를 몰아내기 위해 자신의 공포로 뛰어든다. 사람들은 살해당할까 봐 서로 싸우고 죽이게 되었다. 그들은 매일 더 깊이 전쟁과 적의의 악순환으로 빠져들면서 공포를 백 배, 천

배 키웠다. 핵무기 경쟁은 그러한 공포의 논리적 귀결이자 증거다.

가수 자크 이줄랭Jacques Higelin은 그 과정을 잘 파악했다. 실제로 융합적인 사람은 삶을 억제함으로써 죽음도 억제할 수 있는 것처럼 생각한다. 영웅적인 사람은 자기가 만용과 무절제에도 불구하고 살아남을 거라 믿는다. 하지만 죽음 공포를 초월하는 더 나은 방법들이 있다.

죽어도 죽지 않는 법, 불멸에 이르는 법으로는 다음과 같은 것이 있다.

- **법열**: 나는 지금 이 순간 속으로 흩어진다. 죽음은 강렬한 경험 속에서 사라진다.
- **생물학**: 나는 죽어서 티끌, 퇴비, 혹은 다른 어떤 것이 될 것이다.
- **창작**: 내가 죽어도 내 작품은 남을 것이다.
- **후손의 생산**: 나의 유전자는 내가 죽어도 살아남는다.
- **영성**: 나는 육신이 죽은 후에도 영원히 살 것이다.

얼마 전까지만 해도 법열은 종교나 영성 엘리트에게나

한정되었고 일반인들은 거의 접할 수 없었다. 부족의 마법사, 제자리를 빙빙 도는 춤을 추는 이슬람교 수도승, 신비주의자, 불교 승려 들이나 그러한 경지를 꿈꾸었다. 그런데 명상 수련이나 환각 물질 복용 덕분에 법열도 민주화되었다. 사실, 법열은 신비에 입문하는 경험이지만 위험이 따르지 않는 것은 아니다.

생물학을 통한 죽음의 초월도 확대되었다. 일례로, 매장과 화장에도 생분해 가능한 관이나 유골함, '자연장'이 도입되어 우리의 시신이 좀 더 수월하게 자연으로 돌아갈 수 있게 되었다. 사후 장기나 시신 기증도 생물학을 통해 죽음을 이기는 또 다른 방법이다.

창작은 세상에 자신의 자취를 남기기에 아주 좋은 방법이다. 콜로세움, 퐁 뒤 가르, 샹보르 성을 만든 사람들은 수세기 동안 자부심을 떨칠 수 있었다. 마찬가지 맥락에서 베토벤의 교향곡은 여전히 우리에게 감동을 주고, 몰리에르는 죽은 지 350년이 됐는데도 희극 작품으로 우리의 웃음을 자아낸다. 누가 알겠는가, 오비디우스의 《사랑의 기술》처럼 이 책이 수천 년 후까지 살아남을지?

대부분의 사람에게는 후손을 낳는 것이 자기 자신을 이

어나가는 가장 확실하고 보편적인 수단이자 주위 사람들이 가장 심하게 압박하는 문제이기도 하다. "얘, 너는 언제 '우리'에게 손자를 보여 줄 거니?" 정신적 과잉 활동인들은 이런 지시를 대개 잘 참아내지 못한다. 다른 사람들처럼 살라는 지시, 규범에 맞춰 살라는 지시로 받아들이기 때문이다. 한편, 아이를 절대로 낳지 않겠다고 딱 잘라 말하는 사람은 대화 상대를 불편하게 만들곤 한다. 하지만 비출산을 선언하는 목소리는 점점 높아지고 있다. 어쨌든, 아이를 낳지 않겠다는 선택도 인류에게 주는 선물이 될 수 있다. 혹시 누가 여러분에게 빨리 애를 낳아야 한다고 압박하거든 이러한 논리로 대응해 보라.

영성은 인간의 삶에서 대체 불가능한 역할을 한다. 내세의 희망과 도덕적·윤리적 행동 노선을 제시함으로써 삶을 초월한다. 2000여 년 전부터 영성에 종교적 광신이 철저하게 얽혀들었다는 점이 애석할 뿐이다. 미신이 그 발단이 아니었을까. 두려움 때문에, 재앙에 의미를 부여하고 싶은 욕구와 불확실한 인과 관계가 얽히고설킨 것이다. 당시의 사고방식은 어린이의 마법적 사고와 매우 유사했을 것이다. '새가 저쪽으로 날아가는 날은 재수가 없던데……'

미신은 4만 5000년간 존속했다. 오늘날도 미신이 완전히 사라졌다고 할 수 있을까? 다시 말하지만, 미신은 아이의 마법적 사고와 비슷하다. '만약 내가 브레이크를 밟기 전에 신호등이 초록 불로 바뀐다면…….'

그 후, 사피엔스는 추상 능력이 고도로 발달하면서 운명을 조종하려는 의지를 가지고 더욱 정교한 마법 의식을 만들었다. 어떤 사람들은 아직도 그 수준에 머물러 있다. '흑마술'에 벌벌 떠는 사람들이 얼마나 많은지, 나는 상담을 하면서 수시로 확인한다. '백마술'과 그에 대한 각종 변형은 매혹적이다. '끌어당김의 법칙(자신의 생각으로 우주의 에너지를 끌어올릴 수 있다는 주장)'에서부터 '스크라잉(수정구를 이용한 점술)'을 거쳐 베스트셀러 《시크릿》까지 '마법'을 신봉하는 사람들은 아주 많다. 우리는 앞장에서 우리가 살아가는 현실이 상상적이라는 것을 배웠고, 실제로 사유의 힘으로 현실의 많은 부분을 조종할 수 있다.

종교는 좀 더 나중에 등장했는데, 인간의 역사를 이야기로 엮어서 사건과 행동 지침에 관해 단순하고 접근 가능한 설명을 제안했다. 초기의 종교는 애니미즘에 가까웠고 그다음에는 다신교가 되었다. 신들은 도처에 있었다. 꽃에, 바위에, 강에, 새들의 노래에. 그다음에는 모든 것에 위계가 잡히고 국지화되었다. 신들은 올림포스에, 님프들은 숲과 강에 살게 되었다. 그래도 신들은 여전히 그들의 집에 있었고 인간은 거기에 침입해 사는, 신들의 장난감 같은 존재였다. 다신교는 평화를 사랑하고 관용적이며 개종에 그다지 열을 올리지 않았다.

신이 유일한 존재가 되면서부터 일이 틀어졌다. 일신교에서 신은 우주와 생명과 인간의 창조자다. 인간은 신의 모습대로 지어졌고 신의 지시대로 세상 만물을 다스리며 살게 되었다. 신은 일단 인간을 자기 모습대로 빚어 놓고 멀리 가 버렸다. 그는 자신의 개입 없이도 우주가 잘 돌아가게 만들었다. 지구는 인간의 것이었다. 인간은 자기 양심을 마주한 채 자유로이 행동하고 책임을 지게 되었다. 이렇게 일신교는 다른 생물(동물과 식물)을 희생시키면서까지 인간의 비중을 확대했다. 그로써 인간 외의 생물은 사물화되었다. 러시아어는 다른 서양 언어에 비해 생물을 덜 사물화한다. 이 언어는 생물 중에서도 움직이는 것, 정확히 말해 '영혼이 거하는 것'과 그렇지 않은 것을 구분한다. 어쨌든, 일신교는 사실상 신들을 내쫓고 인간이 스스로 세상의 주인이라고 믿는 경향을 강화했다. 인간은 지구와 지구에 사는 다른 생물을 자기 마음대로 할 수 있다고 생각했다. 불관용과 개종주의는 일신교와 함께 등장한 것이다. 가령, 다신교를 믿었던 로마인들이 박해한 그리스도교인들보다는 그리스도교 내에서 서로 치고받고 죽인 사람들이 더 많다. 일신교도들은 자기가 믿는 신 말고 다른 신이 없어야 하므로 광신적이다. 이것은 위계질서의 문제다. 그들은 또한 이원론을 맹신한다. 선과 악, 정신과 신체, 물질과 영혼……

종교는 오랫동안 인간 정신을 지배했지만 이제 힘이 많이 빠졌다. 은총이나 신학 연구에 힘입어 일부 선택된 자들만 누려왔던 영성이, 세상과 다른 문화에 열린 자세에 힘입어 다시 부상하고 있다. 게다가 의학의 발전으로 죽음에 근접했다가 소생하는 경우도 늘었다. 그러한 신비 경험으로 완전히 변모된 사람들도 있다. 의학의 진보는 이러한 질문을 불러일으킨다. 신체의 임상적 죽음 이후에는 무슨 일이 일어나는가? 정말로 죽는 걸까?

종교는 신을 인간 밖에 두며 교리와 율법으로 작동하고 죄의식, 처벌 위협, 보상에 대한 약속, 책임 부여로 인정받는다. 그렇게 두려움과 불복종, 타협을 자극하고 신도들의 사고방식을 통합하며 집단 결속력을 강화한다. 종교가 제공할 수 있는 것은 융합적 인간에게 잘 맞는다. 그들은 통합과 복종의 방향에 서 있기 때문이다.

죽음 공포는 그 편재성과 강렬함으로 사람의 에너지를 꽤 많이 잡아먹는다. 주로 현실 부정이라는 방어 기제를 작동시키고 생각을 다른 데로 돌리는 데 쓰이는 에너지다. 이런 이유 때문에 일반 사고인들이 정신적 과잉 활동인들에 비해 에너지가 약한 편인가? 그들은 죽음을 입에 올리는 일이 드물고 애도를 표할 때도 보통 관습적이고 의례적인 표현을 사용한다. "고생하지 않고 가셨어요. 산 사람은 살아야지요……." 그러고는 금세 다른 얘기를 한다.

죽음의 고통을 직접 들먹이면 상대가 불편해할 수 있다. 그렇다, 가까운 사람을 잃는 것은 슬픈 일이다. 하지만 애도의 슬픔 속에도 존엄을 지키고 여러분의 고통으로 분위기를 경색시키지 않아야 한다. 기억하라, 눈물을 보이더라도 통곡은 하지 말기를. 그런 게 눈치다. 조문하는 입장이라면 상을 당한 사람의 슬픔을 너무 자극하지 않아야 한다. 상대가 사람들 앞에서 미친 사람처럼 울부짖기를 바라는가? 이제 여러분의 감정이입이 얼마나 침입적이고 여러분의 연민이 얼마나 거추장스러운지 조금 짐작이 가는가?

아멜리 노통브는 소설 《두려움과 떨림》[4]에서 자기 바로 윗사람이 상사에게 모욕적으로 질책당한 사연을 이야기한다. 그녀는 남들이 보지 않는 데서 울기 위해 상사의 사무실에서 나와 화장실로 들어가고 아멜리는 순전히 그녀를 위로할 마음에 화장실로 따라 들어간다. 하지만 평소 아멜리의 친절을 곧이곧대로 받아들이지 않았던 그녀는 자기가 우는 모습을 보고 아멜리가 통쾌해하면서 또 다른 모욕을 주려고 따라왔다고 생각한다. 그 일로 아멜리는 엄청난 미움과 꺼지지 않는 복수심의 제물이 된다.

때로는 여러분의 자연스러운 호의가 정반대 의미로 받아들여지고 여러분을 더욱 밉상으로 만든다. 정신 바짝 차리고 상대를 위로하고 싶은 마음을 단속하라. 아무 때나, 아무하고 죽음을 대화의 주제로 삼지 마라. 어떤 사람들에게는 죽음이 정말로 금기시되는 단어다.

기슬렌은 내게 말했다. "선생님과 이런 이야기를 나누고 나서 많은 것을 이해하게 됐어요. 상담 이후에 친구 한 명과 오랫동안 통화를 했어요. 분위기 좋게 이런저런 이야기를 나누다가 전화를 끊기 직전에, 제가 무척 좋아했던 삼촌이 돌아가셨다는 말을 털어놓았어요. 그 말을 들은 친구가 당황해하는 것 같더라고요. 그녀는 으레 하는 애도의 말을 건네고는 서둘러 전화를 끊었어요. 예전 같았으면 친구의 그런 반응이 내 마음을 몰라서 그런 거라고 혼자 넘겨짚고 상처받았을 거예요. 하지만 이번에는 그 친구가 죽음에 대한 이야기를 불편해해서 그러는구나, 하고 이해했어요."

정신적 과잉 활동인들은 사람들이 죽음을 은폐하고 기분 전환으로 현실 도피를 한다고 믿는다. 게다가 그런 태도는 진정성이 없고 인생을 망친다고 생각한다. 철학적 사유도 동일한 사실을 확인해 준다. 죽음 불안을 직시할 때 우리는 좀 더 진실하고 치열한 삶을 살 수 있다. 역설적으로 보일 수도 있다. 언젠가는 죽는다는 사실을 의식할수록 살아 있음을 더 생생하게 느낄 수 있다. 하지만 일단 죽으면 진실하게 살았든 그렇지 않든, 치열하게 살았든 대충대충 살았든 무슨 의미가 있나?

심리 기제의 선택은 각자의 몫이다. 융합적인 사람이든 영웅적인 사람이든, 영적인 사람이든 종교인이든 무신

론자든 모두에게, 나는 페르난두 페소아의 이 시구를 공
유하고 싶다.

봄이 올 때
내가 이미 죽었어도
꽃은 변함없이 만발할 테고
나무는 지난 봄보다 덜 푸르지 않으리.
현실은 나를 필요로 하지 않기에.[5]

고독 불안

우리는 서로 기댄 채 잠들고, 함께 살아가지…….
하지만 시간이 흐르고 우리는 깨닫지. 우리가 여전히
세상에 혼자라는 것을.
―〈스타마니아〉[6]

우리가 비록 연약할지라도 서로 의지할 수 있다는 믿음
은 대단히 위안이 된다. 인간은 군집 동물이다. 집단을 이

루고 살게끔 태어났고 집단의 도움 없이는 죽는다는 것을 스스로 잘 안다. 그래서 우리는 타인들의 거부와 고독을 죽도록 두려워한다. 하지만 이 불안한 고독은 의식하는 인간이라는 위상 자체에 내재한다. 나는 홀로 태어났고, 홀로 죽을 것이며, 홀로 생각한다.

- 나는 물리적으로 혼자다. 다시 말해, 내 몸에는 나 혼자만 산다. 나의 고립은 구조적이다. 병이 나거나 다쳤을 때, 나의 고통을 아무하고도 나눌 수 없음을 더욱 잘 이해하게 된다. 내가 가구에 발가락을 찧었을 때 전에 같은 경험을 해 본 사람만이 그 고통에 공감할 수 있다. 그렇지만 그 순간의 벼락같은 고통을 진정으로 공유할 수 있는 사람은 없다.
- 나는 정신적으로 혼자다. 나의 내면을 공유한다는 것은 불가능하다. 빌어먹을 사피엔스의 인지 혁명은 나의 두개골 안에 거대한 정신적 왕국을 만들어 놓았다. 내 생각의 지경은 오직 내가 지배하고 그중 아주 미세한 파편만 (설령 내가 작가라고 해도) 타인에게 전달할 수 있다. 이 점이 정신적 과잉 활동인들에게는 고통스러울 것이다. 그들의 복잡

한 사유는 머릿속에 정교한 대성당을 지어 놓았는데 그 장관을 아무에게도 보여 줄 수 없고 칭찬받을 수도 없다니 아쉽지 않은가!

정신의 케케묵은 보호 기제는 실존적 불안을 억제하기 위해 다시 허상적인 두 가지 선택지를 제안한다. 집단과 융합할 수 있다고 생각하거나, 고독한 영웅이 되어 자율성에 기댈 수 있다고 생각하는 것이다. 하지만 이 불안을 모두가 같은 방식으로 관리하지는 않는다. 사실, 고독에도 여러 형태가 있고 그 형태들 사이의 조합도 있기 때문이다.

- **현실적 고독**: 물리적으로 혼자일 때의 고독.
- **정신적 고독**: 사람들과 함께 있을 때도 자기만의 세상 속에 있는 듯한 느낌의 고독.
- **충전을 위한 고독**: 에너지를 보충할 수 있는 고독으로, 내향형 인간들이 특히 좋아한다.
- **절망의 고독**: 고립감을 자극하고 우리를 죽음보다 더 불안한 상태로 빠뜨린다.

고독의 다양한 형태들에 '선택한 고독' 혹은 '감내한 고독'이라는 면이 추가된다.

짐작하다시피 가능한 조합은 아주 많다. 완전한 혼자, 머릿속으로만 혼자, 혼자이지만 고립되지는 않은 상태, 혼자임에 만족하는 상태, 혼자임에 절망하는 상태까지. 나를 이해하지 못하거나 나와 잘 맞지 않는 세계에서 고독은 이 모든 방식으로 경험될 수 있다. 고독이 선택 아닌 선택이 될 수도 있다. 고독은 고통스럽지만 사람들에게 계속 상처받거나 거부당하거나 이해받지 못한다면 그나마 '덜 나쁜' 해결책이 되는 것이다. 안타깝게도 정신적 과잉 활동인들은 사회의 코드를 잘 이해하지 못해서 점점 더 내향적으로 변하고 스스로를 더욱더 소외시키는 경향이 있다.

물론 고독이 그렇게까지 불안하지 않다면 우리는 모두 평온하게 고독을 관리하고 오히려 재충전의 시간으로 삼을 수 있다. 하지만 인간은 고독에서 절망을 느끼는 경우가 더 많다.

고독이 공포를 자아낼 때

인간이 경험할 수 있는 최악의 고독은 고립이다. 고립

은 어쩔 수 없이 감내하는 물리적·정신적 고독을 뜻한다. 내가 이 책의 1장에서 에릭 번의 연구에 대해 한 말을 기억하기 바란다. 교류분석은 이 '인정 자극' 개념을 공기, 물, 음식, 수면과 마찬가지로 인간의 삶에 필수적인 욕구로 보았다. 고립에 빠진 개인은 단순히 '철수' 상태에 있는 것이 아니다. 사람은 인정 자극을 전혀 받지 못하면 미치거나 죽음보다 더 끔찍한 괴로움에 시달린다. 독재자들도 그 점을 알기 때문에 고립을 고문의 일환으로 사용한다.

더 이상 존재하지 않는다는 공포와 죽음의 공포는 다르다. 죽음 공포는 적어도 살아 있다는 느낌과 연결되어 있다. 자기가 존재하지 않는다는 것은 붕괴를 뜻하고 그건 죽음보다 더 고약하다. 자살은 삶에서 벗어나려고 하거나 그러한 무無의 상태에서 벗어나려고 하는 것이다. 자기가 붕괴될 위험이 있는 무의 상태에서, 미치지 않기 위해 기댈 것이라고는 중독밖에 없다. 중독은 인위적으로 평온한 고독을 만들어 준다. 중독은 오랫동안 중독성 물질이 일으키는 것으로 생각되어 왔지만 그렇게만 보면 게임, 섹스, 쇼핑 관련 중독은 설명이 안 된다.

1978년에 캐나다 심리학자 브루스 K. 알렉산더Bruce K.

Alexander는 '쥐 공원' 연구를 이끌었다. 그는 이 연구를 통해 쥐들이 고립과 스트레스 상태에서만 헤로인에 중독된다는 것을 보여 주었다. 놀이공원처럼 재미있게 설계된 넓고 쾌적한 우리에서 다른 쥐들과 어울려 잘 먹고 잘사는 쥐는 마약 디스펜서를 거들떠 보지도 않았다. 이 연구는 사회적 상호 작용의 질이 중독 및 정서적 의존 행동에 큰 영향을 미친다는 주장에 힘을 실어 주었다.

카트린 오디베르는 《혼자 있지 못하는 나》[7]에서 이 주제를 좀 더 깊이 다룬다. 그녀가 말하는 "중독적 후퇴"는 제 꼬리를 무는 뱀처럼 자기 파괴적이다. 이는 타인 없이 살아남기 위한 무의식적 전략으로, '고독에 처한 자'가 자기가 전능하다고 믿는 것이다. 이 경우, 영웅적 방어 기제 수준으로 끝나지 않는다. 저자는 "고비용에 치명적이기까지 한 방어적 고립은 진정한 충전이 될 수 있는 고독을 방해한다"고 말한다. 그러한 상태에 빠진다면 얼마나 딱한 일인가!

관계라는 감옥

나는 늘 우리에게 일어날 수 있는 최악의 불행은 혼자
쓸쓸하게 죽는 것이라 생각했다. 하지만 웬걸! 혼자라고
느끼게 하는 사람들에게 둘러싸여 죽는 게 더 끔찍하다.
―로빈 윌리엄스

융합적 방어 기제가 발달한 사람은 고독이 불러일으키
는 공포를 피하기 위해 "혼자 있는 것보다는 별로인 사람
들하고라도 어울리는 게 낫다"고 생각하게 마련이다. 약
물을 사용하는 것은 아니지만 이런 것도 일종의 중독이다.
어떤 대가를 치르더라도 타인과 함께 있어야 하는 사람에
겐 못된 인간들이 꼬이기 쉽고 그 사람은 오만 가지 폭력
에 여지를 주게 된다. 게다가 안타깝게도, 그러한 태도는
애초의 문제를 전혀 해결하지 못한다. 고독감이나 고립감
은 주관적이기도 하고 객관적이기도 하다. 심리 조종자들
은 옆에 있음으로써 사람을 냉랭한 고독에 빠뜨리는 기막
힌 재주가 있다. 그들은 다정한 척하면서 죄수를 감시하는
간수처럼 행동한다. 행여 다른 데서 애정을 구하지 못하도

록, 아니 인간적 온기조차 얻지 못하도록 이것저것 차단하고 감독하기 바쁘다. 로빈 윌리엄스의 말이 백번 옳다. 심리 조종자와 사는 것이야말로 최악의 고독이다.

충전을 위한 고독

이 고독은 공포를 불러일으키는 고독과 정반대다. 배터리를 충전하듯 자신의 유일무이함을 느끼면서 나는 누구인지, 나는 무엇을 원하는지 다시금 깨닫게 한다. 이런 고독만 경험하고 살 수 있다면 얼마나 기분 좋을까! 내가 보기에, 정말로 충전을 위한 고독을 누릴 수 있는 사람은 그리 많지 않다. 하지만 배울 수 있다. 두렵고 황량한 내면의 공허를 머물러 쉴 수 있는 여백으로 바꾸고 스스로에게 유익한 고독의 영역을 복구하는 것이 우리의 목표다.

나는 나의 가장 좋은 친구

내향적인 사람들은 물리적 고독을 선호한다. 그들은 고독을 즐기고 거기서 힘을 얻는다. 이 고독은 교류분석으로 치면 '철수' 단계, 즉 이미 받아들인 인정 자극을 분류하고 소화하는 시간에 해당한다. 정신적 과잉 활동인들은 이 고독을 잘 안다. 감각적으로 평온한 공간, 실수를 저지르거나 집단 내 다른 사람들을 불편하게 할까 봐 마음 졸이지 않아도 되는 시간, 거기서 그들은 비로소 비난 어린 시선과 말들로부터 안전하다. 그렇긴 해도, 다수에게는 이러한 고독이 달리 더 좋은 것이 없어서 하는 선택이 아닐까 싶다. 호의적인 사람들에게 둘러싸여 사회 속에서도 편안한 기분을 느낀다면 더 좋지 않겠는가.

혼자 있어도 평온할 수 있으려면 '좋은 환경'을 내면화해야 한다. 다시 말해, 자기 자신과 편안하게 지내야 한다. 그런데 정신적 과잉 활동인들은 물리적 고독에 처하면 처음에는 안도감을 느끼지만 그 단계가 지나면 으레 자기 내면의 폭군과 마주하곤 한다. 그 폭군이 그들의 실수와 실언을 가차 없이 까발리고 심문하니 죽을 맛이다! 피도 눈물도 없는 검사님의 논고에 저녁 내내 시달리는데 무슨 충전이 되겠는가. 평온한 고독은 자기를 있는 그대로 받아들이는 것을 전제한다. 내가 되고 싶은 사람에 초점이 가 있으면 안 된다. 실수했다고 자기 자신을 너무 몰아세우지 말고 자신의 강점을 스스로 칭찬할 줄도 알아야 한다. 간단히 말해, 내가 편안해야만 나를 좋은 벗으로 삼을 수 있다. 여러분 내면의 폭군을 쫓아내고 자기 자신의 가장 좋은 친구가 되어라. 그러면 물리적 고독의 시간이 충전의 장이 될 것이다. 내가 이 책을 쓴 이유에는, 여러분이 저지르는 '실수'를 조금 더 편안하게 생각하길 바란 것도 있다. 이제 여러분은 그런 실수를 이해할 수 있게 될 것이고, 실수를 예방하거나 감당할 수도 있게 될 것이다.

사람들 속에서도 나만의 세상에서 안전하게

자기 자신과 편안하고 기분 좋은 관계에 마침내 도달하면 사람들 속에서도 차분하게 혼자가 되는 능력을 키울 수 있다. 물리적으로 고립되지 않으면서도 정신적으로 자기를 분리할 수 있기 때문에 나를 좋아하는 사람들에 둘러싸여 있으면서도 일말의 고독을 즐기는 것이다. 개인적 용무에 몰두하고 일이나 독서에 집중하지만 스스로 예의 없다고 생각하지 않고 다른 사람들을 신경 쓰지 않으며 외부의 소란에 정신을 빼앗기지도 않는다. 오히려 다른 사람들이 있기 때문에 안전하다고 느끼고 자기 일에 집중할 수 있다. 그럴 때는 외부 자극이 집중을 흐트러뜨리는 간섭을 일으키지 않는다. 그래서 어떤 작가들은 카페나 식당에서 글을 쓰기도 한다. 주변의 소음이 그들에게는 감각 차단 탱크sensory isolation tank 역할을 하고 창의력을 더욱 활성화시킨다. 그렇지만 이것도 모르는 사람들 틈에서나 가능한 얘기라는 것을 기억해 두자. 어떤 작가도 자기 친구들로 꽉 차 있는 공간에서 글쓰기에 집중할 수는 없다!

감각이 과민한 사람은 타인들 속에서 자기만의 세상에 머물러 있기가 매우 힘들다. 주변의 소음과 동향, 사람들이 전부 주의력을 산만하게 만드는 요인들이다. 감각 과민증은 신경학적으로 '잠재적 억제 장애'를 동반하게 마련이다. 그런데 바로 이 장애가 주변의 소음과 소란을 차단할 때 걸림돌이 된다. 시끄러운 배경 음악이 어떤 사람에게는 고문 수준으로 괴롭다. 잠재적 기능에 아무 문제가 없는 신경전형인들조차도—특히 기업 내 오픈스페이스 같은 장소에서—점점 더 시각적, 청각적, 감각적 '공해'로 인한 피로와 스트레스를 호소하곤 한다. 평범한 사람들의 세상은 끊임없는 소리와 움직임이야말로 살아 있음의 표시, 즐거움의 표시라고 믿을 때가 많다. 다시 스스로를 차분하게 가라앉히고 침묵의 소리, 새들의 노랫소리를 듣는 법을 배워야 할 것이다.

타인들 사이에서도 충전이 되는 고독을 누리려면 충분히 강력한 에고ego가 필요하다. 그래야만 일관성 있게 융합과 개인주의 사이에서 집단과 타협을 모색할 수 있다. 에고가 너무 약한 사람은 외부에 쏠려 있고 타인들과 그들의 판단이나 감정, 욕구에 지나치게 신경을 쓴다. 그런 사람이 고독에서 힘을 얻기란 거의 불가능하다. 간섭들은 불가피하다. 스트레스에 시달리는 사람 옆에서 평온을 유지한다거나 부정적 분위기에서 좋은 기분을 유지한다는 것은 불가능한 임무가 된다.

마지막으로, 자기와 주파수가 안 맞는 사람들 틈에서 충전이 되는 고독을 찾기란 극도로 어렵다. 그런 상황에서는 타인들의 거부가 두렵고 자신이 뭔가 실수를 저지르지나 않을까 걱정되기 때문이다. 정신적 과잉 활동인들은 타인의 존재만으로도 침범당하는 기분을 느끼고 매사에 신경을 곤두세운다. 이때 타인은 노골적으로 호의를 드러내는 사람이라면 모를까, 대개 나를 침해하는 적대적 존재로 느껴진다. 그래서 정신적 과잉 활동인들은 물리적으로 침범당하는 기분과 정신적 외로움을 함께 느낀다.

정신적 과잉 활동인들은 항상 다른 사람들과 따로 놀기 때문에 영적 고양을 통해서만 사람들 사이에서도 충전이 되는 고독에 이를 수 있다. 인류, 생명, 전체에 대한 소속감을 고양한다든가 하는 방식으로 말이다.

아멜리 노통브는 도쿄의 군중 틈에서 자신이 발포제처럼 녹아 버렸다고 말한다. 나는 카페테라스에 앉아 행인들을 바라보면서 그들의 삶을 짐작해 본다. 그럴 때 나는 어떤 전체에 대한 소속감, 인류에 대한 애정을 느낀다. 나 자신이 어떤 보편적 사랑 속으로 녹아든다. 아멜리가 말하는 발포제도 분명히 비슷한 것이리라. "나는 춤추는 사람들을 바라보는 게 좋아"라고 필리프 카트린Philippe Katherine은 노래했다. 그런 노래를 하는 사람이니만큼 그녀는 음악과 율동이 인간에게 주는 즐거움을 알 것이다.

누군가의 잠든 얼굴을 보고 있으면 마음이 따뜻해진다고들 한다. 걱정없이 노는 수달처럼 사람들이 놀이공원에서 즐겁게 노는 모습을 보고 있을 때도 그렇다. 이 모든 방법으로 우리는 나와 인류가 연결되어 있음을 느낄 수 있다.

고독 불안에 맞서는 가장 보편적이고 으뜸가는 중독은

연애일 것이다. 그런데 혼자되는 것에 대한 두려움을 토대로 한 공생은 진정성이 부족하기 때문에 어찌 보면 실패가 예견되어 있다. 어쩌면 그 점이 현재의 이혼율을 설명해 줄 것이다.

타인을 정말로, 진심으로 사랑하려면 먼저 평온한 고독 속에서 자기 자신으로 살 수 있어야 한다. 각자가 온전히 자신의 유일무이함으로서 존재할 때 상대의 유일무이함을 받아들일 수 있다.[8]

고독의 관리와 사회적 상호 작용이라는 면에서 일반 사고인들과 정신적 과잉 활동인들은 거의 정반대로 행동하는 것 같다. 정신적 과잉 활동인은 절망적 고독을 실험하는 감각이 더 뛰어나다. 신경전형인들과 유익한 사회적 관계를 만들기가 어렵기 때문에 사람들과 함께 있어도—아니 함께 있을 때 더욱더—고통스러운 공허감에 시달린다. 피난처인 고독으로의 후퇴는 혼자 있고 싶은 바람보다 생존 기법에 가깝다. 자신이 진짜로 어떤 사람인지 알아주고 인정해 주는 반응이 별로 없다 보니 에고는 허약해지고 일관된 상호 작용을 하기가 어려워진다. 그렇기 때문에 물리적 고독 속에서나 군중 속에서 자신이 한데 모을 수 없는 조각들로 산산이 흩어지는 느낌을 받는다. "내가 만화경이 된 것 같은 기분이 든다니까요!" 정신적 과잉 활동인들이 상담 중에 내게 곧잘 하는 말이다. 그들은 외롭고 또 외롭기 때문에 뭔가 결핍된 기분, 그리고 그 결핍을 채워 줄 관계에 대한 그리움이 있다. 이 때문에 세상이 그들에게 제공할 수 있는 실제 관계와의 괴리는 더욱 심해진다.

일반 사고인들은 심리적 내용을 공유하는 것은 포기하고 물리적 현존에 만족함으로써 문제를 해결할 수 있다. 그런 식의 관계 맺기는 사실 매우 적합한 것이다. 반드시 사회성 있는 모습을 보여야 한다는 의무를 잘 숙지하고 있으면 물리적 고독을 피하고 관습적이고 규범에 맞는 관계에 만족할 수 있다. 사회적 상호 작용이 외부에서 보는 것만큼 그들에게 기력을 충전해 주는가? 그렇다, 아마도 그럴 것이다. 융합적 방어 기제는 쓸쓸하고 외로운 기분을 회피하고 본다. 일반 사고인들에게는 정신적 과잉 활동인의 관점에서 가장 고통스러운 고독, 즉 심리적 내용을 타인과 공유할 가능성을 배제하는 고독이 문제가 되지 않는다. 집단의 이야기와 하나의 생각에 동조할 때, 스스로 생각하지 않아도 되므로 문제는 더 이상 제기되지 않는다.

그저 집단과 마찬가지로 생각한다는 편리함과 안전함을 느낄 뿐이다.

그렇지만 이 고독 불안을 관리할 때는 정면 승부가 더 나은 방법일 수 있다. 언젠가 죽게 마련인 외로운 인간의 운명을 받아들일 때 인생을 좀 더 만족스럽게 구성할 수 있다. 실존적 고독에 대한 이 꼭지를 마무리하면서 페르난두 페소아의 글을 여러분과 공유하고 싶다. 나를 기쁨으로 전율하게 한 글이고 내가 여기서 쓴 내용과도 완전히 일치한다.

자유는 스스로를 고립시킬 수 있는 능력이다. 그대가 사람들을 찾지 않고 사람들로부터 벗어나 고립될 수 있다면 그대는 자유로운 사람이다. 그러나 돈, 군집 본능, 사랑, 영예, 호기심, 그 외에도 침묵이나 고독에서 힘을 얻지 못하게 하는 모든 것 때문에 그러기가 힘들다. 그대가 혼자 살지 못한다면 그건 그대가 노예로 태어났기 때문이다. 그래도 영혼 혹은 정신의 모든 위대함을 소유하는 데 지장은 없다. 그대는 고귀한 노예 혹은 지적인 하인이지만 자유로운 사람은 아니다.[9]

자유 불안

아무에게도 복종하지 않는 것이 모두에게 명령하는 것보다 훨씬 더 즐겁다.

—스웨덴 여왕 크리스티나

    인간은 자유롭다. 우리가 생각하는 것 이상으로 자유롭고 우리가 알고 싶어 하는 것 이상으로 자유롭다. 자유를 꿈꿀 때는 좋지만 자유를 현실로 맞닥뜨리는 것은 무섭도록 불안하다. 자유는 책임과 떼려야 뗄 수 없기 때문이다. 인간이 자유롭다면 그가 자기 삶으로 무엇을 할지는 오로지 그 자신이 결정할 수 있어야 한다. 자신의 선택을 감당하고 자기 행동에 책임을 지고 자신의 과오를 직시하고 자신이 행동하지 않음으로써 빚어진 결과를 깨달아야 한다. 인간의 의식은 이중적이다. 우리가 선택하고 행동할 수 있는 것은 의식이 있기 때문이다. 자신이 무슨 행동을 하는지 알고 그에 대한 평가나 견해를 가질 수 있는 것도 의식이 있기 때문이다. 내가 자유로운 인간이라면 책임이 있다. 모든 것에 대하여, 내가 행동하기를 거부한 것까지 포함해서 말이다. 나는 더 이상 무능이나 방해 탓을 할 수 없다. "난 못해" "도저히 못 하겠어" "내 힘으로는 어쩔 수 없어" 같은 말들은 자유의 언어로 번역하면 "난 하고 싶지 않아" "배우려고 하지 않았어" "난 변하고 싶은 마음 없어"가 된다. 나의 의식을 마주할 때 나는 내가 보고 싶어 하지 않는 것과 내가 알고 싶어 하지 않는 것에도 책임이 있다. 그렇다, 이 모든 게 참 불편하다. 같은 맥락에서, 규칙을 존중하는 것도 위반하는 것도 다 나의 자유다. 하지만 과감하게 규칙을 위반해 보면 규칙에 근거가 별로 없음을 의식하게 된다. 전부 임의적이다. 이렇듯 모든 것을 포함하는 안전한 토대의 부재 때문에 자유는 아찔하도록 불안하다.

인간은 제 습관대로 이 끔찍한 불안에 대해 옛날부터 있었던 방어 기제를 작동시킨다. 영웅적인 사람은 성숙 환상에 사로잡혀 모든 책임을, 심지어 자기 것도 아닌 책임까지 지려 한다. 극단적인 경우에는 이 모양 이 꼴인 세상과 다른 사람들까지 자기 책임인 것처럼 생각한다. 그 책임이 너무 무겁기 때문에 그는 모두가 자기 몫의 책임을 지는 세상을 소망한다. 그는 불의와 오만 가지 싸움을 벌이고, 주위 사람들과 부딪치며, 자신과 다른 방식(융합적 기제)을 택한 사람들에게 자신이 옳다는 것을 증명하느라 힘을 뺀다. 다시 한번 말하지만 융합적 기제는 네 가지 거부, 즉 성장 거부, 자기주장 거부, 행동 거부, 분리 거부를 중심으로 작동한다. 이제 여기에 앎에 대한 거부, 이해 거부, 그리고 무엇보다 인생에 대한 책임 거부를 추가한다. 자유롭다는 것, 요컨대 자기 자신과 앞으로의 변화에 책임을 진다는 것은 융합적 기제와 도무지 맞지 않는다. 융합적 기제에 치우친 자는 아이의 입장에 머문 채 아무것도 스스로 감당하려 하지 않기 때문이다.

판사이자 철학자인 에티엔 드 라 보에티Étienne de La Boétie는 자발적 예속을 논하면서 인간이 얼마나 비굴한지 놀라며 분개한다. "사람들이 예속당하자마자 자신의 자유를 얼마나 까맣게 잊는지 기가 막힌다. 그들이 깨어나 자유를 다시 차지하기란 불가능해 보인다. 어찌나 순순하고 고분고분한지 자유를 빼앗긴 게 아니라 예속을 쟁취한 것처럼 보일 지경이다."

에티엔 드 라 보에티는 사회의 코드를 이해하지 못해서 골치 아픈 일에 휘말릴 수밖에 없는 열정 넘치는 정신적 과잉 활동인의 전형이다. 그는 혈기 넘치는 열여덟 나이에

휴머니스트의 아름다운 이상향에 근거한 사색적 논문을 썼는데, 그 문체로 미루어 짐작하건대 고대 영웅 서사들을 탐독하고 영감을 받은 것 같다. 그는 틀림없이 커다란 지적 쾌락을 맛보았을 것이다. 그런 건 아름답고 고결하고 단순하기 그지없다. 그는 비방을 의도하지 않았지만 현세에 충실한 당대 사람들은 그의 글이 1548년 보르도 반란과 몽모랑시 원수의 무자비한 진압을 대놓고 언급한 것이라고 보았다. 철학하기를 그 무엇보다 좋아했던 라 보에티는 왕정에 밉보여 감옥에 처박히거나, 더 재수 없게는 교수형으로 인생을 종칠 수도 있었다! 그의 무모함이 꼭 자기와 닮은 거 같아 내심 찔리는 정신적 과잉 활동인들이 얼마나 많을까?

인간의 비열함과 복종은 고대 철학자들부터 에티엔 드라 보에티를 거쳐 스탠리 밀그램 같은 심리학자들에게까지 의문을 자아냈다. 밀그램의 유명한 복종 실험[10]은 피험자들의 70퍼센트 이상이 오로지 복종의 정신만으로 타인을 고문할 수 있음을 보여 주었다. 윤리적으로 심란하기 그지없는 사실이다. 또 다른 심리학자 로런스 콜버그[11]는 법의 타당성에 의문을 제기하는 사람은 전체 인구의 30퍼센트에 지나지 않고 윤리를 지키기 위해 법을 어기는 것도 불사하는 사람은 15퍼센트밖에 되지 않는다고 밝혔다. 사회적 순응을 연구한 다른 실험들도 사람들이 얼마나 자기 행동을 집단의 행동에 동기화하는지 보여 주었다. 인간은 대개 집단에 맞서서 혼자 옳은 사람이 되느니 집단과 더불어 틀리고 마는 편을 선호하고, 집단에 묻어가기 위해 최선을 다한다. 1962년에 텔레비전 방송까지 되었던 폴란드 출신 심리학자 솔로몬 애시Solomon Asch의 엘리베이터 실험은 특히 흥미롭다. 엘리베이터에 타는 사람들이 전부 문이 아니라 벽을 보고 섰다. 또 다른 엘리베이터에서는 탑승자들이 전부 모자를 벗었다가 다시 썼다. 피험자들은 별 생각 없이 본능적으로 다른 사람들의 행동을 따라 했다. 인간은 행동의 당위성을 따지기보다 남들처럼 행동하기 위해 주의를 곤두세운다.

에티엔 드 라 보에티는 인간이 자유를 포기하고 독재자에게 복종하게 되는 이유를 고찰하면서 독재자가 대개 신체적으로 그리 뛰어나지 않고 결연한 다수, 나아가 성난 군중에게는 상대도 되지 않는다고 지적한다. 그런데 어떻게 그 '독재자들'이 수백만 인구를 휘어잡는 것일까? 나는

라 보에티가 거꾸로 질문해야 한다고 본다. 책임을 어떻게 회피할지, 누구에게 떠넘길지 혈안이 되어 있는 집단이 지도자를 지목한 거라면? 그러니 독재자가 강건해 보이든지 부실해 보이든지 무엇이 중요하랴. 이렇게 볼 때, 마지못해 왕위에 오른 군주도 참 많았으리라는 생각이 든다. 스웨덴의 크리스티나 여왕이나 영국의 에드워드 8세처럼 양위를 택한 이들이 얼마나 될까? 왕들도 백성들과 마찬가지로 시스템에 복종하고 있었던 게 아닐까? 시스템이라는 면에서 구성원이 백 명을 넘어가는 집단은 쑥덕공론만으로 규제할 수 없다. 그 정도 집단에는 우두머리나 속죄양—까놓고 부정적 통합자라고 불러도 좋겠다—이 반드시 필요한데, 때로는 우두머리가 속죄양을 겸직한다. 우두머리는 집단의 깃발, 다발 묶는 끈 노릇을 하고 집단의 에너지를 하나로 모으거나 분배함으로써 조절 기능을 맡는다. 예를 들어, 어떤 괴롭힘의 경우는 집단이 가해자가 그런 행동을 하게끔 자극한다. 가해자가 집단의 암묵적 지시에 따라 체면을 잃지 않기 위해 가해 행동을 하는 것이다.

왕좌가 가장 좋은 자리라고 믿어선 안 된다. 왕좌는 쫓겨날 수도 있는 자리다. 리더는 집단의 기대를 고려해야 한다. 그는 항상 비판에 노출되어 있고 언제 처지가 뒤바뀌어 집단 폭행을 당할지 모른다. 희한하게도, 리더의 자리가 늘 좋은 것만은 아니라는 사실은 모두가 알고 있다. 직원들은 경영진에 불만도 많고 비판도 많지만 정작 그들에게 경영을 맡으라고 하면 몸을 사릴 것이다.

이처럼 편의에 따라 자유를 포기하는 편을 자유롭게 선택할 수도 있다는 것을 보았다. 프랭크 패럴리는 정신 병동 입소조차도 어른으로서의 책임을 회피하는 수단이 될 수 있다고 지적했다. 정신적 문제가 있다고 하면 생계의 문제, 납세의 의무, 자기 행동에 대한 책임을 면할 수 있다. 그의 가설은 (환자 스스로 역할을 맡아) 우스꽝스러운 연극을 대가로 어린애처럼 책임을 전가하고 의사 결정의 스트레스를 피한다는 것이다. 교도소나 수도원에서도 비슷한 책임 전가 기제를 볼 수 있다. 사실 이런 곳에 들어가면 먹여 주고 재워 주고 외부의 위협으로부터 차단해 준다. 어떤 악당들은 마피아의 계율에 따른 복수를 피하고자 가능한 한 빨리 감옥으로 돌아가려 든다.

우리는 이 불안한 자유 의지에 직면하지 않으려고 규범과 규칙 뒤로 곧잘 숨는다. 혹시 자신의 무력감을 떠넘기고 있는 게 아닐까? 가령, 소송을 거는 경우를 생각해 보자. 원만하게 해결을 보려는 시도가 엎어졌으니 나보다 상위에 있는 심급에서 나 대신 결판을 지어 주길 바라는 것이다. 막심 로베르는 《멍청이들을 어떡하나?》에서 그러한 메커니즘을 설명한다.[12] "사실, 복종 욕망은 이론적으로는 삐뚤어졌을지언정 존재 이유가 없지 않다. 복종은 무력함에서 벗어나고자 할 때 의지가 된다. 좀 더 자세하게는 자신의 무력감을—이제부터 그것을 우리의 무능이라고 부르겠다—마주할 때의 혼란을 벗어나고 싶을 때 그렇다. 저마다 반응 양상이 다르기 때문에 혼란보다는 불안, 혹은 수치심일 수도 있다." 그는 우리의 무력감을 전가할 방법을 찾으면 "너무나도 마음이 놓이기 때문에 복종이 무척 달게 느껴진다"고 덧붙인다.

인간이 자유를 감당하지 못하고 책임을 전가하려 들기 때문에 피해자, 가해자, 구원자의 드라마 삼각형이라는 심리 게임은 어디서나 성행한다. "내가 뭘 했다고 그래! 네가……." "이게 다 너 때문이야. 너만 없었으면 난……." 사람들이 미성숙 상태에 눌러앉기로 작정하는 한, 책임 떠넘기기에서 비롯되는 부정적 결과는 그들의 일상일 수밖에 없다. 그러한 극적 다툼에서 자극과 재미를 얻는 사람들이 많다. 재차 말하지만, 문제가 있어야 주목도 받고 얘깃거리도 있다. 드라마 삼각형이 아주 강렬한 인정 자극을 제공한다는 사실을 잊지 말자! 막심 로베르뿐만 아니라 자크 살로메도 푸념하고, 앓는 소리를 내고, 자신이 완전히 무력해졌다고 생각할 때 어떤 순수한 성애적 쾌감을 느낄 수 있다고 했다. 자, 그러니 왜 이 게임을 안 하겠는가?

그렇지만 상황을 다시 놓고 보자. 자유의 상실은 사피엔스의 정주 생활에서부터 시작되었다. 인간이 한 곳에 자리 잡고 농사를 지으면서부터 집단의 규모가 커지고 노동이 분화되었다. 저마다 어느 한 분야에 특화되면서 더 이상 스스로 하지 않는 일은 타인에게 맡겼다. 그리하여 직업이 생겼다. 우리는 이제 기이한 역설에 이르렀다. 인간은 지식과 집단 지성이 가장 풍부한 종이지만 개체 수준에서는 가장 무지한 동물이다. 우리는 모든 것에 대해서 알 수 없고 모든 것을 스스로 만들 수 없기에 매일 타인들의 능력에 의지해 살아간다. 타인들이 빵을 굽고, 집을 짓고, 쓰레기를 수거하고, 도로를 관리하고, 질병을 치료하기에……. 이렇듯 온갖 직업을 믿고 맡기면서 나는 '복종하는', 무조건 그들이 하는 대로 따르는 입장이 된다. 나는 그저 제빵사가 빵 반죽에 자기가 들이켠 파스티스를 토하지 않았기만 바랄 뿐이다![13] 영웅적 기제를 선택한 사람은 자기가 자유롭고 자급자족할 수 있다는 환상 속에서 산다. 융합적 기제를 선택한 사람은 생각의 자유까지 포함해서 자유라는 개념의 모든 면을 떠넘겨 버리기 때문에 대개 사는 게 편하다. 그는 남들이 자기 대신 생각해 주는 게 편하다. 연구를 하는 사람들은 돈을 받으면서 앎을 얻는다. 그래도 원래 그런 거라면 그게 좋은 거다!

불행히도 고도의 직업 분화는 학자와 무지렁이 사이에 깊은 골을 만들었다. 권력은 그것을 손에 쥐고 유지하기 원하는 소수에게로 집중되었다. 기술 환상이 위험한 이유도 여기에 있다. 나는 이미 2장에서 문제 해결과 기술 환상의 파괴적 효과(도착적 효과, 중앙집권 효과, 비윤리적 효과, 강제 효과)를 다루었다.

엔트로피 증가의 법칙에 따라 오늘날의 인간 사회는 진짜 능력이 파악되지 않는 이들을 '전문가' 직함을 달아 무대 전면으로 내세웠다. 우리는 때때로 그런 사람들의 전공이나 연구 업적을 검증조차 하지 않는다. 예속이 얼마나 자발적인지 보라. 우리가 책임을 넘길 수 있기 때문에 전문가의 말이 성경 말씀처럼 떠받들어지는 것이다. 재판정에서, 보험사에서, 의료 관련 결정을 내릴 때 등 우리는 전문가 소견을 맹목적으로 따른다. 그러니 전문가들이 세상을 진짜 끌고 가는 사람들이다. 텔레비전에서 쇼를 보여주고 싶어 하는 별의별 사람이 전문가 직함을 달고 있는 걸 보면 우습기도 하고 소름 끼치기도 한다.

그렇지만 한 줌 반항아들은 자기 생각을 떠넘기기를 거부한다. 그들은 다른 출처에서 스스로 정보를 찾고 불편한 질문을 제기하고 부조리와 모순을 지적하며 인터넷 네트워크에 진실을 고발하고 명실상부한 반권력을 형성하는 경우도 점점 더 많이 보인다. 그러면 전문가들은 게거품을 물고 음모론이니 뭐니 떠들어 댄다. 기술 환상은 공격을 당하면 격렬하게 자기변호를 펼친다.

자유인으로 살 것인가, 노예로 살 것인가? 자유는 재앙인가, 축복인가? 현실인가, 환상인가? 인간은 자기 자유의 한계를 어떻게 생각해야 하나? 라 보에티는 사람들이 자유를 원했다면 가질 수 있었으리라 생각했다. 도스토옙스키는 인간이 정말로 행복이나 사랑을 원하면 가질 수 있다는 사실을 확인했다. 우리에겐 자유를 거부할 자유도 있다. 그렇지만 자유는 사피엔스가 수립한 제약적 규칙들 속에서 더없이 상대적이다. 여권 없이 '국경'을 넘거나 소득 신고를 하지 않아도 된다면 얼마나 즐거울까! 인간 사회에서 자유는 절대로 무조건적이지 않다. 자유는 기존의 조건들, 달리 말해 이미 정해져 있는 상세한 조건들 사이에서 길을 찾는 능력이다. 이러한 맥락에서, 자유는 무엇보다 영향력에 휘둘리지 않기, 의존성 낮추기, 대가가 따를지라도 자신의 윤리관에 맞게 선택하기라고 할 수 있다. 자유롭다는 것은 다른 사람들과는 다른 방식으로 행동할 수 있다는 것이다. 하지만 여기에는 대가가 따른다. 그 대가의 이름은 고독이다. 생각 없이 무리가 가는 대로 묻어 가면, 앞장서거나 힘들게 자기만의 길을 가는 것보다 편하다. 집단의 규칙에 복종하는 사람이 꼭 그렇게 순종적이거나 체념하고 받아들이는 사람은 아니다. 수동적 수용과 적극적 수용은 다르다. 실제로 겁 많고 비굴한 영혼을 지닌 아첨꾼들이 있는가 하면, 의식 있게 행동하고 자신이 지키고 싶은 대의를 위해 싸우는 투사들도 있다. 자발적으로 지휘자의 권위를 따르는 연주자는 자기 개인의 감성보다 작품

해석과 오케스트라의 하모니를 더 중시하기 때문에 그렇게 한다.

의미를 부여하고 싶다면 의미를 만들면 된다

"나는 무관심에서만 휴식을 얻었지. 나도 순수를 되찾고 싶었어. 하지만 아무것도 의미가 없는걸, 다 끝인걸. 나의 이상과 비교하면 전부 혼돈투성이, 망가진 말들 …… 날 도와줄 수 있는 영혼을 찾고 있어. 나는 환멸에 찌든 세대야……."[14]

우리는 왜 사는가? 어떤 것들이 삶의 이유인가? 내 삶에 무슨 의미가 있는가? 무슨 소용이 있다고? 나중엔 어떻게 되는데? 그래서? 고작 이러자고? 살다 보면 누구나 어떤 전환점에서 결정적 질문들을 맞닥뜨린다. 인간에게 의미의 부재는 너무나 큰 스트레스이기 때문에 그러한 위기는 두렵다. 카를 구스타프 융Carl Gustav Jung은 인간이 의미 없는 삶을 견딜 수 없다고 보았다. 게다가 여러분이 어느 날 가까운 사람에게 이렇게 시작하는 메시지를 받는다고 상상해 보라. "내 인생은 이제 의미가 없어⋯⋯." 이후의 내용을 읽기도 전에 더럭 겁부터 날 것이고, 그러는 게 당연하다. 어떤 사람이 더 이상 삶의 의미를 찾지 못한다면 그건 살아갈 이유, 희망을 품거나 싸워야 할 이유를 모르겠다는 뜻이다. 의미의 상실은 직장 생활에서 번아웃의 주요 원인이 되기도 하고 사적 영역에 악영향을 주거나 자살 충동을 일으키기도 한다.

의미에 대한 욕구는 집단적일 수도 있고 개인적일 수도 있다. 또한 세속적일 수도 있고 영적일 수도 있다. 양자 입자 수준까지 줌인할 수도 있고 무한한 우주로 줌아웃할 수도 있는 것이다. "원자가 이러이러하니 세상이 이렇다" 할 수도 있고 "은하들이 이러이러하니 세상이 이렇다" 할 수도 있다. 일관성에 대한 욕구를 만족시키려면 모든 것이 제자리에 있어야 하고 저마다 제 역할이 있어야 한다. 가장 안심되는 일관성은 나의 가치관을 나의 생각과 행동에 연결하는 내적 일관성이다. 더욱이, 거의 모든 종류의 심리 조종이 이 일관성에 대한 욕구와 내적 혼돈에 대한 두려움을 밑밥으로 삼는다. '예스맨 수집' '헛돈 쓰기' '이해할 수 없는 함정'이 다 그렇다.[15] 하지만 인간은 모순으로 똘똘 뭉친 존재이니만큼, 일관성 없는 짓을 저지르는 자기 자신에게 놀라는 경우도 다반사다.

삶에 의미를 부여하려는 욕구는 필수적인데, 우리는 참으로 불안하지만 아마도 진실일 이 사실을 마주하게 된다. 세상에는 우리가 부여하는 의미 말고 다른 의미가 없다. 페르난두 페소아가 잘 말해 주었듯이 "현실은 나를 필요로 하지 않는다." 하지만 그 사실을 깨닫는 순간들은 몹시 불편하다. 자기 경험에 의미를 부여하면 혼돈을 피할 수 있고 미치지 않을 수 있다.

카지미에슈 다브로프스키는 우리의 심리적 구성물들이 무너지는 '긍정적 비통합'에 대해서 말한다.[16] 그는 실존적 위기와 그에 따르는 불안이 건설적이라고 보았다. 그런 불안을 억압하기보다는 함께 잘 가져가는 것이 바람직하다. 정신 건강은 질문 과정을 막는 것이 아니라 그러한 의심의 시기를 통과해 더욱 고양되고 발전된 의식 수준에 도달하는 것이다. 너무 많은 사람이 '일차적 통합' 단계에 머물러 있고 우리의 온전한 잠재력으로 이끌어 주는 정신의 해체와 재구성까지 나아가지 못한다는 점은 아쉽다. 그런 점에서 다브로프스키는 위대한 낙관주의자다!

실존적 위기는 결코 기분 좋거나 마음 편하지 않다. 인간은 삶에서 의미를 찾지 못할 때 무시무시한 공포의 소용돌이에 빠진다. 누구나 그렇듯 나도 살아오면서 그러한 의미 상실의 위기를 여러 번 겪었고, 그러한 위기가 나에게 가장 지독한 불안을 안겨 주었다고 말할 수 있다. 사실 인생의 의미라는 문제에 비하면 죽음, 고독, 자유도 그다음 얘기다! 가장 마지막으로 겪었던 위기 때는 의미를 얼른 다시 엮을 생각을 접고 오히려 공포를 똑바로 바라보려고 했다. 그런 건 작위적이고 임의적이라고 생각했기 때문이다. 나는 또한 이 책에서 '의미의 바깥에' 머물며 살아간다는 것이 어떤 효과를 일으키는지 보여 주고 싶었다. 나는 가장 먼저 발견한 안심되는 설명으로 서둘러 달려가지 않았다. 일부러 이야기를 설명하거나 재구성하려고 하지 않았다. 그냥 불안 발작이 무섭게 일어나면 일어나는 대로 몇 달을 무기력하게 손 놓고 있었다. 그래도 나는 갈 데까지 가보겠다는 결심이 있었다. 그때 이반 곤차로프의 그 유명한 소설 속 주인공 오블로모프를 만났다.[17] 이 이야기에서 일리야 일리치 오블로모프는 몽상적 마비 상태에 자족하는 듯 보이는 무력한 인물로 그려진다. 그는 나태하고 무감각한 19세기 러시아 지주의 삶을 영위한다. 오블로모프는 흔히 게으름과 시시함의 궁극적 화신으로 통한다. 그렇지만 러시아어 '오블롬облом'은 '부서짐, 균열'을 뜻한다. 오블로모프는 부서진 인간, 내면의 원동력이 망가져 버린 인간이다. 그는 이제 사랑조차 할 수 없다. 더 이상 자기 삶에 의미를 부여할 수 없을 때 인간은 그렇게 된다.

나의 원동력도 망가져 있었다. 프레데리크 다르Frédéric Dard의 이 독설이 내 마음을 대변했다. "나는 무감각해진 늙은 배아胚芽다. 내 인생은 내게 교훈이 될 것이다. 인생을 다시 살진 않을 테다." 그러다가, 놓아 버림에 대한 멋진 토막글을 보았다. 누가 쓴 글인지는 모르겠으나 내용은 대략 다음과 같다. "놓아 버린다는 것은, 인생이 우리가 기대한 것을 주지 않는다고 비난하기를 그만 멈추는 것이다." 이 철학을 적용하니 실제로 꽤 편해졌다! 정말이지, 인생이 마음대로 풀리지 않는다고 비난하기를 멈추면 오히려 인생은 상냥하게 군다. 놓아 버리기 만세다!

나는 이제 다브로프스키의 이론을 인정할 수 있다. 몇 번째인지도 모를 그 비통합은 결과적으로 그 이전의 비통합들과 마찬가지로 긍정적이었다. 하지만 그때는 끝을 볼 수 있을 것 같지도 않았다.

우리 삶에 가장 큰 의미를 부여하는 것은 이타주의, 대의에 바치는 헌신, 창의성, 쾌락주의, 잠재력을 발휘한 기분, 초월성이다. 생의 의미에 영적 수준을 더하면 유해한 감정에 덜 물들고 부정적 분위기에서 더 잘 버텨낸다. 하지만 우리는 정말로 그런 거창한 것들을 필요로 하는가? 레오나르도 다 빈치조차도 생애 말년에는 인생을 허비한 기분이었다고 한다.

나는 정신적 과잉 활동인들에게 이런 얘기를 자주 듣는다. "제가 정말 희한하다고 생각하는 건요, 아무도 이 행성에서 우리가 뭘 하고 있는지 묻지 않는다는 거예요. 대부분은 일-식사-놀기-잠이라는 쳇바퀴를 인생으로 받아들이고 우리가 이 우주에 존재하는 목적을 더 깊이 알려고 하지도 않아요." 내가 오블로모프처럼 될 뻔하고 보니 이제 '더 깊은' 이해라는 것도 허무하고 오만해 보인다. 결국 어떤 사람이 자기 직업, 자기 가족, 혹은 어떤 계통의 맥을 잇고 있다는 사실에서 의미를 발견한다면 뭐가 문제인가? 누군가가 여러분에게 진심으로 이렇게 말한다면? "인생이야 결혼하고 아이를 낳고 일하고 은퇴하고 연금 쓰면서 살라고 있는 거죠." 그 사람이 그걸로 됐다는데 문제될 게 뭐가 있나?

정신적 과잉 활동인들이 다른 사람들도 실존적 불안의 심연을 들여다보기를 요구한다면 그거야말로 폭력이다. 나는 무엇보다 실존적 불안의 관리라는 면에서 정신적 과잉 활동인들과 일반 사고인들 사이의 간극이 크다고 생각한다.

"하지만 세상에 의미가 없어도 우리가 의미를 만들지 말란 법은 없잖아요?" 내게 상담받는 알리스는 말했다. 그녀가 옳다. 세상에 의미를 부여하고 싶다면 의미를 만들면 된다. 내가 만드는 이야기들로써.

×

◆

×

"옛날 옛적 아주 먼 나라에 어느 노인이 살고 있었습니다……." 이 도입부에서 벌써 느낌이 오는가? 얼마나 사람의 기대와 호기심을 불러일으키고 다음을 궁금하게 만드는지? (미안하지만 여기서 내가 다음을 이야기할 건 아니다.)

"옛날 옛적에……" 혹은 "아주 오랜 옛날에……" 같은 표현은 모든 언어에 있다. 그러한 표현은 우리를 평행 세계로 보내고 최면에 빠뜨리는 마법의 주문이다. 태곳적부터 인간은 이야기, 전설, 설화, 연극에 흘딱 빠졌다. 언어와 추상 능력을 습득한 우리 원숭이들의 불행에도 이렇듯 황홀한 장점이 있다. 우리는 이 가상 세계에서 이야기와 시나리오, 대사를 끝없이 만들어 낼 수 있고 우리가 만들어 낸 가상 세계에 즐겁게 빠져든다. 연극은 기원전 6세기 무렵에 처음 만들어졌을 것이다. 인류가 그 자취를 잘 보존했더라면 고대부터 지금까지 만들어졌던 모든 연극의 회고전을 열 수도 있지 않았을까. 2600년 동안 세계 곳곳에서 상연되었을 작품들을 상상할 수 있는가? 얼마나 대단할지! 그렇게 멀리 갈 것 없이 1895년 영화의 발명까지만 거슬러 올라가도 그동안 세계에서 만들어진 영화가 얼마나 많았겠는가. 하지만 그러한 시청각 아카이브도 우리가 1300세제곱센티미터의 두개골 속에서 우리 자신을 위해 만들어 내는 이야기의 수에 비하면 아무것도 아니다. 우리의 개인적 필모그래피는 훨씬 더 방대하다.

나의 믿음이 나의 이야기가 된다

우리의 삶에 일관성과 의미를 부여하려면 이야기는 꼭 필요하다. 언어화는 우리를 혼돈에서 건져내고 정보들을 목적성과 논리(인과 관계, 줄거리, 진전, 시간 순서, 탐색의 과정 등)에 따라 분류하고 정리하는 기능을 한다. 요컨대, 이야기는 상황에 존재 이유를 부여한다. 우리의 체험에 부여되는 의미는 세속적인 것일 수도 있고 초월적인 것일 수도 있다. "내 소임은 마을 사람들이 먹을 빵과 케이크를 맛있게 만드는 거야." "내 소임은 조상들에게 얻은 지혜, 기술, 유산, 가치관을 후손들에게 잘 전달하는 거야." "나는 주님이 뜻하신 바가 있어 태어난 거야." 삶에 의미가 있기만 하면, 우리가 지구에 잠시 머물다 가는 의미가 무엇인지는 그리 중요하지 않다.

교류분석은 개인의 이야기에 주목하고 '인생 시나리오'라는 개념을 통해 그러한 이야기를 깊이 연구해 왔다. 그 내용을 간략히 종합하자면 다음과 같다. 우리는 아주 어릴 때부터 나에게 주어지는 다양한 정보에 일관성과 논리를 부여하기 위해 내 삶의 이야기를 만든다. 아이는 자기에게 떨어지는 명령과 허락, 정체성을 확인하는 과정, 그리고 '동인driver'으로써 그 이야기를 구성한다. 여기서의 동인은 우리의 잠재의식이 내리는 명령들이다. 강해져라, 완벽해져라, 마음에 들게 굴어라, 노력해라, 서둘러라……. 이 모든 자료를 바탕으로 어느 날 아이는 "그러니까 나는 이러이러해"와 같은 인생(혹은 생존)의 결정을 하게 된다. 이 결정이 생애 초기의 극적 상황에서 이루어질수록 '결코' '항상' '모두' '아무도' 같은 극단적 표현이 따라오기 쉽고 아이가 성인이 된 후의 삶에 지대한 영향을 미친다. 인생의 결정 단계에서는, 아이가 들었던 모든 이야기 중에서 유독 아이의 경험과 인정 욕구를 잘 종합하든가 부모의 명령에 잘 부합하는 이야기가 있다. "너 때문에 엄마가 죽겠다!"라는 말을 듣고 자란 아이는 그 말을 의식하지 않을 수 없다. 집에서 하고 싶은 말을 마음껏 할 수 없는 아이는 사랑때문에 목소리를 빼앗긴 인어공주 이야기에서 자기 동일시의 기반을 발견한다. 아이들에게 이야기를 많이 해 줘야 하는 이유가 여기에 있다. 개인적인 인생 시나리오를 수립할 때 선택지가 더 많아지기 때문에 좀 더 잘 맞는 선택을 할 수 있다. 교류분석은 가능한 인생 시나리오들을 다양하게 파악했다.[1] 극적 시나리오, 진부한 시나리오, 이기는 시나리오, 지는 시나리오, '거의' '~까지'를 기반으로 하는 시나리오……

여기서 착각하지 말자. 중요한 것은 겉으로 드러나는 탐색이 아니라 결과다. 여러분의 시나리오를 찾으려면 여러분이 찾고 있는 것에 초점을 맞추기보다 여러분이 획득하는 것을 객관적으로 관찰해야 한다. 조 디스펜자 박사가 잘 말해 주었다. "양자장quantum field은 우리의 바람에 부응하지 않고 우리의 존재에 부응한다."

나는 내가 나에게 들려주는 이야기다. 이 개념이 좀 찜찜할지 모르지만 정말로 그렇다. 여러분이 "아니, 나는 이야기를 지어내지 않아! 전부 다 진실인걸!"이라고 항변해도 소용없다. "그건 자기가 이야기를 지어내지 않고 진실을 쥐고 있다고 자기 자신에게 이야기하는 한 여성의 이야기예요." 사실, 나는 나에게 이야기를 하지 않는 것이 불가능하다. 나의 이야기들은 나의 믿음들일 뿐이다. 이것이 신경 언어 프로그래밍의 기본 원칙 중 하나다. 진실은 없다. 모든 것이 믿음이다. 믿지 않는다는 것은 불가능하다. 아무것도 안 믿는다고? 그건 믿을 것이 전혀 없다는 믿음이다. 앎과 믿음은 다르지 않냐고? 안다는 것은 그저 안다고 믿는 것이다.

내가 세미나에서 이러한 내용을 설명했더니 인상을 쓰고 있던 참석자가 쏘아붙였다. "내가 지금 시각이 오전 9시 45분이라고 말하는 것도 믿음입니까?" 나는 몹시 난처했다. 그가 확실성을 필요로 하는 사람이어서 내 주장에 심란해졌나보다 생각했다. 나는 그 사람이 기분 나쁘지 않게 설명할 방법을 궁리하면서 내 손목시계를 봤다. 오전 9시 30분이었다. 세미나에 참석한 사람들에게 물었다. "지금 몇 시예요?" 모두 한목소리로 대답했다. "9시 30분입니다." 나는 그 사람에게 이렇게 대답했다. "네, 선생님이 9시 45분이라고 믿으신 거예요. 지금은 9시 30분이랍니다." 그 순간, 그가 인상을 쓰고 있었던 이유가 그 믿음 때문이라는 것이 밝혀졌다. 그는 자기 시계가 잘못된 걸 모르고 세미나가 15분이나 늦게 시작했다고 믿었던 것이다. 자신의 믿음을 경계해야 한다는 것을 그 해프닝 덕분에 절묘하게 보여 줄 수 있었다. 내가 틀릴 수도 있다는 생각에 늘 열려 있기를. 하지만 그 참석자의 말에도 일리는 있다. 우리는 개인적 이야기를 쌓아 올리기 위해 몇 가지 확실한 사실을 기반으로 삼을 필요가 있다. 재차 말하지만 이야기가 없으면, 우리를 둘러싼 모든 것에 의미를 부여할 수 없으면, 우리는 미쳐 버리거나 한없이 무기력해진다. 자신의 고유한 이야기가 존재함을 의식하면서 우리는 거대한 이야기 속의 이야기가 될 수도 있지만 그 이야기를 되짚어 보고 줄거리를 바꿀 수도 있다.

"이 이야기 속의 여자는 지금까지 ……라고 스스로 이 야기해 왔어요. 그러다 어느 날 갑자기 그 스크립트에서 자신을 갉아먹고 괴롭히는 요인들을 제거하기로 결심했지요. 그녀는 스스로 이런 질문을 던져 보았습니다. '어차피 나 자신에게 이야기를 들려줘야 한다면 내가 듣고 싶은 이야기는 어떤 걸까?' 그때부터 그녀는 신기한 이야기, 재미있는 이야기만을 자신에게 들려주었던 거예요." 여러분도 한번 해 보고 싶은가? 약간의 유머와 자조를 더한다면 언제까지나 재미있는 이야기를 자신에게 들려줄 수 있을 것이다! 수시로 자신에게 물어보라. '내 영혼이 그걸 어떻게 생각하는데?' 내 안의 장난꾸러기는 시나리오 작가, 내 영혼은 스크립트 닥터다. 재주가 기막히다!

조 디스펜자는 매일 아침 일어나자마자 그날 하루의 스크립트를 머릿속으로 작성해 보라고 제안한다. 그는 우리가 하루를 계획함으로써 양자장에 영향을 미칠 수 있다고 생각한다. 만들고 요구하고 받아들이고……. 조건화된 삶을 살 수밖에 없다면 그 조건들의 선택이 더욱 중요해진다.

그러나 나의 이야기는 집단이 인정해 주지 않으면 덧없고 불안정할 수밖에 없다. 내가 연기하는 것이 나 개인의 연극일지라도 관객이 봐 주고 공감해 주지 않으면 소용이 없다. 겹겹이 싸인 러시아 인형 마트료시카처럼, 내 이야기는 나의 가족사 및 세대 간 역사, 나의 또래 집단 이야기, 나아가 사회 문화적·국가적·세계적 이야기 속에 맞물려 들어갈 수 있다. 융은 개인의 이야기와 집단의 이야기 사이의 뒤얽힘을 좀 더 깊이 파고들었다. 그는 '원형', 즉 인류 전체에 속하며 집단 무의식에 내재하는 전래傳來의 이미지가 개인의 심리 구조를 부양한다고 보았다. 바로 이 지점에서 정신적 과잉 활동인들에게 골치 아픈 문제가 발생한다. 복합적으로 팽창하는 그들의 이야기를 어떻게 단순하고 직선적인 집단의 이야기에 끼워 넣을 것인가? 돈키호테가 그의 개인적 이야기 속에서 모두를 적으로 보았던 이유를 짐작할 수 있을 것이다.

건드리지 말아야 할 집단의 이야기

사건들을 언어로 구성하여 사유에 고착하려는 욕구는 집단 수준에서도 작용한다. 집단의 이야기에는 모두가 참여한다. 이야기가 구전되는 과정에 참여하는 이들은 저마다 이야기에 조금씩 살을 붙이거나, 미화하거나, 왜곡한다. 하지만 그런 건 별로 중요하지 않다. 이야기를 아름답게 조망할 수만 있다면 개연성도 양보할 수 있으니까. 영화를 보면 알 수 있다. 진짜 삶에서는 택시가 절박하게 필요한 그 순간 짠 하고 나타나지 않는다. 손만 번쩍 들었을 뿐인데 택시가 바로 앞에 와서 선다고? 그런 일은 일어나지 않는다! 하지만 영화를 보면서 그런 걸 따지는 사람은 없다. 이야기는 차츰 동화와 전설이 되고 집단의 무의식 속에 자리 잡는다. 기원은 아득해지고, 클리셰가 만들어지고, 더 이상 아무도 이야기에 의문을 제기하지 않는다. 그렇지만 이러한 집단의 이야기들에는 공포와 미신, 그리고 순응하고 살라는 명령이 깃들어 있다.

내가 재미있게 들었던 일화가 있다. 어떤 어머니가 딸에게 고기 굽는 요령을 알려 줬다. 고기의 끝부분을 잘라 내고 접시에 담아 소금과 후추로 밑간을 하고……. 그런데 딸이 고기 끝부분은 왜 잘라내는 거냐고 물었다. 어머니는 자신의 어머니가 늘 그렇게 하더라고 대답했다. 딸은 호기심이 일어나 외할머니에게 전화를 걸었다. "할머니, 왜 고기 굽기 전 밑간을 할 때 끄트머리를 잘라내셨던 거예요?"
외할머니가 대답했다. "접시가 작아서 고기를 자른 거란
다." 비슷한 상황, 다시 말해 아무 생각 없이 수용하기보
다는 한 번쯤 의문을 제기할 가치가 있는 상황은 많이 있
다! 그렇지만 의문을 제기하지 않는 편이 나은 상황도 많
다. 모든 이야기가 그렇듯이 집단의 이야기 역시 매우 부
실하고 임의적이다. 그러한 이야기는 취사 선택된 정보, 모
순, 어불성설, 부조리 따위로 짜 맞춰진 것이다. 집단의 이
야기는 집단 구성원들이 비판적으로 사유하고 의문을 제
기하지 않아야만, 진실 여부를 건드리는 정보와 사태를 외
면해야만 존속될 수 있다. 그 이야기를 산산이 흩어 버린
다면 어리석은 짓이 될 것이다. 가령, 아무 영화나 예로 들
어 보라. 나는 그 영화에서 개연성의 균열, 일관성의 빈틈
을 얼마든지 지적할 수 있다. 그 영화에 나타난 편견이나
클리셰도 꼬집을 수 있다. 집단의 이야기는 엉성하기 때문
에 문제시해서는 안 된다. 집단의 확고한 이야기를 반박하
는 사람이 있으면 집단 전체가 불안정해진다.

　집단 이야기의 건립 신화 중 하나를 건드렸다는 것을
어떻게 알 수 있을까? 대화 상대가 이성을 잃고 발끈하는

반응을 보인다면 알 수 있다. 상대는 마치 이단 종파의 신도가 외워서 하는 말처럼 너무나 빤한 이야기를 염불 외듯 늘어놓을 것이다. 그런 일을 얼마나 많이 겪어 봤는가? 이제 여러분은 메커니즘을 파악했기 때문에 집단의 이야기를 반박하거나 모순을 지적해서 상대의 공격성을 자극하는 경우를 피할 수 있다. 공격적 반응은 더 이상 물고 늘어지면 안 된다는 신호! 일반 사고인들은 그 점을 잘 안다. 집단의 이야기 속에 머물기 위해서는 무엇보다 그 이야기를 무너뜨리지 않아야 한다. 비판을 좀 할 수는 있다. 비판도 시간을 죽이는 수다의 일부다. 그렇지만 넘어서는 안 될 선이 있다.

내가 자주 받는 질문에 답하자면, 일반 사고인들이 정신적 과잉 활동인들보다 생각하는 속도가 느리지는 않지만 그들은 의도적으로 자기 생각을 차단한다. 삐져나온 실을 함부로 잡아당기면 안 되는 거다. 까딱 잘못하면 스웨터 올이 다 풀려 버린다. 아예 실을 다 풀어서 새로운 스웨터를 짜도 좋겠지만 그러자면 시간과 노력을 들여야 한다. 일반 사고인들이 매사 따지고 넘어가려는 여러분의 집착을 피곤해하는 이유가 바로 여기에 있다. 그들은 집단적 허구가 현실에 반드시 부합해야 할 필요는 없음을 이해하고 있는 그대로 수용한다. 사실적 요소가 몇 개만 있어도 전체를 결합시키기에는 충분하다. 가장 그럴듯한 거짓말은 약간의 진실을 포함한 거짓말이라는 말도 있지 않은가?

정신적 과잉 활동인들은 기가 막히겠지만 일반적 사고를 하는 사람들은 이야기의 모순을 아무렇지도 않게 잘 참는다. 유발 노아 하라리는 《사피엔스》에서 그러한 자세가 전적으로 옳다고 보았다. "모순은 인간 문화에서 떼려야 뗄 수 없는 일면이다. 실제로 모순은 인간의 창의력과 역동성을 설명해 주는 원동력이다. 서로 다른 두 음이 동시에 울리면서 음악을 확 살아나게 하듯이 사유, 관념, 가치가 충돌을 일으키면 우리는 더 치열하게 생각하고 재평가하고 비판하게 된다. 일관성은 편협한 영혼들의 놀이터다." 그는 인간 심리의 빈틈처럼 여겨지는 인지 부조화가 사실은 활력을 불어넣는 수단이라고 결론 내린다.

이 모든 것이 조화를 이뤄낼 수 있다. 나 개인의 이야기가 내 가족의 이야기 속에 들어갈 수 있고, 그 이야기는 다시 내가 속한 집단의 이야기 속으로 들어갈 수 있다. 하지만 거기에는 반박하고 싶은 요소가 하나 혹은 그 이상 있다. 정신적 과잉 활동인들이 현 상태의 집단 이야기를 전적으로 지지하기 힘든 이유를 정리해 보자면 다음과 같다.

집단의 이야기에는 구멍이 있다

집단의 이야기는 구멍이 숭숭 뚫린 그뤼에르 치즈 같다! 인간의 삶은 참으로 다양하고 풍부하기 때문에 일일이 열거할 수 없는 면이 많다. 구멍을 틀어막는 첫 번째 방법은 터부다. "그런 얘기는 하면 안 돼! 그런 건 없어!" 그리고 전체의 질서를 망가뜨리는 '특수 사례'라는 구멍들도 있다. "모두가 이러이러해." "아, 그래, 하지만 난 아니야!" 예외적 상황에 놓여 있는 사람들은 다른 사람들이 무감각하다는 것을, 얘기를 나눌 상대가 없다는 것을 비로소 깨닫곤 한다. 사람들이 얼마나 대책도 없이 진부하고 빤한 이야기, 더 나쁘게는 완전히 몰상식한 이야기를 늘어놓는지 비로소 알게 되는 것이다. 여러분이 처한 상황이 예외적일수록 사회는 여러분이 이해와 관심을 받지 못하는 것이 당연하다는 인상을 심어 준다. 예외적 소수가 힘을 합치고 오랜 시간 그들의 고통을 호소해야만 사회가 돌아봐 주고 그들을 포용하기 위해 관심 쓰는 척이라도 한다. 사산아를 낳은 슬픔에 시달리는 어머니들을 예로 들어 보겠다. 사회가 이 어머니들의 고통을 이해하고 사산아의 존재를 법적으로 인정하기까지는 수십 년의 투쟁이 있었다. 사산아는 여전히 법적 인격이 아니고 가족의 성姓을 물려받지도 않지만 그래도 족보에 올라가거나 이름은 가질 수 있게 되었다. 그것만 해도 어디인가. 그렇지만 사산이라는 비극을 두고 흔히들 하는 말은 개탄스럽다. "아기를 붙잡아 놓을 시간이 없었던 거지"라든가 "애는 또 가지면 돼"라는 말을 위로랍시고 하는데, 어떻게 그 끔찍한 사연을 언어화할 수 있겠는가.

소위 '희귀 질환'의 경우도 마찬가지다. 여러분과 같은 병을 앓는 사람이 전 세계에 서른 명밖에 없다면 여러분은 그다지 관심을 불러일으키지 못할 것이다. 더 나쁘게는, 집단 이야기의 구멍 때문에 여러분의 병이 부정당하고 꾀병이나 정신적 문제로 오해받을 수도 있다. 라임병 환자들은 이게 무슨 말인지 잘 알 것이다. 그들은 평균 8년을 이 병원 저 병원을 전전하며 병명을 알아내려 애쓰다가 겨우 진단을 받는다. 이런 예는 얼마든지 더 들 수 있다.

방향이 바뀌기 쉬운 이야기

심리 조종자를 상대해 본 사람이라면 알 것이다. 그들은 이야기를 자기에게 유리하게 다시 쓰는 기막힌 재주가 있다. 시나리오 작가 미셸 오디아르Michel Audiard가 말한 대로 "바보들은 전부 저지르고 본다. 그걸로 바보들을 알아볼 수 있다." 망설일 필요가 없다. 세게 나갈수록 잘 통한다! 거짓말이 엄청날수록 사람들은 그게 설마 거짓일 리 없다고 생각하므로 자기도 모르게 믿는 경향이 있다. 이 때문에 심리 조종자들은 자기네들의 적을 물리치고 궁지에서 빠져나가기 위해서라면 눈 하나 깜짝하지 않고 어마어마한 거짓말을 한다.

강자들도 예외가 아니다. 그들은 역사를 쓸 수 있기 때문이다. 고대로부터 《일리아스》《오디세이아》《갈리아 전쟁기》 같은 책은 강자의 영광을 후세에까지 떨치기 위해 특정 시각에서 역사를 기술한다. 게다가 이 수법은 잘만 통한다! 아주 오랫동안 교과서들은 우리에게 모순되는 두 이야기를 동시에 팔아넘길 수 있었다. '태양왕'을 자처한 루이 14세를 위대한 군주로 소개하면서 군주정을 뒤엎은 프랑스 대혁명은 전제 군주에게 억압당하는 민중을 구하려는 위업이라고 했다. 그러면 당연히 이 질문이 떠오르지 않겠는가. 집단의 이야기는 영원한 선전에 불과한가? 정신적 과잉 활동인들은 집단의 이야기에 의문을 제기할수록 그 이야기가 선전으로 전락하는 것을 막을 수 있다고 생각한다. 그들은 거짓부렁을 듣고만 있지 않는다. 인간의 운명이란 이런 것이다. 사실이기엔 너무 근사한 거짓일지라도, 그 거짓을 믿고 싶은 걸 어쩌겠는가. 사실이기엔 너무 끔찍한 사실은 믿고 싶지가 않다.

집단의 이야기는 개인의 일탈을 단속하지 못한다

옛날은 기본적으로 농촌 사회였다. 마을에서는 남의 눈을 피해 살기 어려웠다. 그때는 다들 비슷한 교육을 받고 비슷한 도덕관을 지녔다. 주위 사람들에게 밉보일 수도 있다는 두려움은 원초적 본능을 억누르고 공통 규칙에 대한 복종을 장려하기에 충분했다. 하지만 그 후로 세상은 변해도 너무 변했다. 이농離農, 익명성이 보장되는 대도시의 탄생, 세계의 개방과 문화 혼합은 기존 코드를 파괴하고 월권을 행사하면서도 아무 처벌도 받지 않는 기생자와 일탈자가 우글대는 어두운 면을 만들었다. 집단의 이야기는 이 변화에 적응할 만큼 충분히 변하지 못했기 때문에 엇나가는 이야기들을 단속할 방법이 부족하다.

사회는 모두 선한 의지를 지니고 있고 사람은 모두 각자 잘되기를 바란다는 전제에서 출발하지만 실제로는 그렇지 않다. 그런데 어리석음, 무능, 탐욕, 불성실은 집단의 이야기에서 배제되어 있는 듯 보인다. 공동체는 구성원의 일탈을 현장에서 적발하더라도 '체면을 세울' 여지를 주거나 경고만 하고 넘어가곤 한다. 집단의 이야기는 이미 적발당했다는 수치심과 '법적 경고'만으로 재범을 막기에 충분하다고 믿고 싶은 것이다. 집단의 이야기가 구사하는 표현들은 추문 피하기에 급급하기 때문에 사안의 심각성을 축소하고 책임 지우기를 등한시한다. 특징적인 표현 몇 가지를 지적해 볼까. "부모의 감시를 피해" "가정의 비극" "부모의 불화" "불균형이 초래한 사태". 정신적 과잉 활동인이 잘못을 잘못이라고 지적하면 불편해하는 반응이 되돌아오거나 오만 가지 핑계에 부딪힐 뿐이다. 심지어 매우 심각한 사안에 대해서도 그렇다. 일반 사고인들의 분노는 물러 터졌다. "진짜 사정은 아무도 모르는 거지." 호되게 형을 때려야 할 때만큼 무죄 추정의 원칙이 강력하게 옹호되는 때는 없다. 여러분은 심지어 이런 말을 들을지도 모른다. "누구라도 머리가 홱 돌아서 살인자가 될 수 있어요." 우리는 여기서 온건하고 의례적인 감정적 규준에 머물고자 하는 욕구를 볼 수 있다. 그 규준 안에 월권에 대한 정당한 분노가 설 자리는 없다. 하지만 그것은 집단 구타로부터 사람들을 보호하는 방법이기도 하다. 우리는 온라인에서도 집단적이고 집중적인 공격이 일어날 수 있음을 익히 안다. 그리고 다행히도 대다수는 미적지근한 자세를 취하고 냉정을 유지할 줄 안다.

집단의 이야기를 변호하기 위해 충분히 포괄적인 법적 체계를 만드는 일은 절대로 쉽지 않다. 그 체계는 가능한 모든 경우를 포함하되 판결의 기준으로서 정확성을 갖춰야 하면서도 모두를 감옥에 집어넣어서는 안 된다. 더욱이 법적 체계는 범죄를 처벌하기 위해 존재하는 것이지, 예방하기 위해 존재하는 것이 아니다. 세계화의 시대에 보편적인 도덕적 가치 체계를 세우는 일 또한 결코 쉽지 않을 것이다.

"강자들의 뒷거래를 훼방 놓아서는 안 된다." 심란하게
도 이러한 격언이 뜻하는 자세는 거대한 사회적 문제를 제
기한다. 강자들이 무슨 뒷거래를 해도 방해받지 않는다면
더 이상 한계를 모르고 설칠 것이기 때문이다. 수시로 스
캔들이 불거지지만 빈 수레가 요란할 뿐이다. 강자 몇 명
을 꼬리 자르기하고 대중의 기억력과 일관성은 미미하다
는 믿음에 기대어 조용히 수습하면 끝이다. 그리고 위험을
알린 사람은 "스캔들을 터뜨린 사람에게 화가 있을지어다"
라는 말이 얼마나 진실한 경고인지 알게 될 것이다!

말할 수 없는 것을 말해야 할 때

상징적 관건들은 모든 사회적 공간에, 무엇보다 우리가
병리학적이라고 보는 공간에도 있다. 재앙에도, 잔학무도
한 행위에도 의미를 부여해야 한다. 더욱이 그런 것이 '심
리적 도움의 세포들'이 감당해야 할 역할이다. 피해자들에
게 상황을 말해 주고 그들 또한 말하게 함으로써 사건들은
이야기가 되고 감정의 무게가 차츰 가벼워지게 해야 한다.
그렇지만 대량 학살이나 테러 같은 끔찍한 일을 어떻게 이

야기로 만들 수 있을까? 히로시마를 어떻게 설명할 수 있을까? 교훈적인 이야기를 만들어야 하나, 거리를 유지하려 해야 하나? 사회는 점점 말할 수 없는 것에 의미를 부여할 의무를 부담스러워한다. 클리셰와 합의된 표현들은 더 이상 통하지 않는다. 여성 살해는 단순히 '가정의 비극'이라고 하기엔 너무 많이, 너무 자주 일어난다. 교사가 한낮의 거리 한복판에서, 동료 교사가 함께 있는 자리에서 잔인하게 살해당한 사건을 '외톨이 정신병자의 만행' 정도로 치부해선 안 된다.[2] 이 새로운 정보들도 집단 이야기에 들어가야 한다. 하지만 누가 그 일을 감당할 수 있을까?

이음새가 터져 버린 집단의 이야기

낙관적 자세를 견지하자. 이제 소셜네트워크에서 강자들이 감추고 싶어 하는 껄끄러운 정보가 과거보다 훨씬 더 쉽게 유포될 수 있다. 요즘 젊은 사람들은 그리 고분고분한 정신의 소유자가 아니며 사회적 소수파의 '임파워먼트empowerment'도 활발하다. 그렇기 때문에 이야기는 더 이상 케케묵은 레퍼토리를 쓸 수 없고, 부당하고 분통 터지는 상황에 나 몰라라 할 수도 없다. L214(프랑스 동물 권리 단체로, 2008년에 푸아그라 폐지 운동을 개시한 '강제사육 금지Stop Gavage'에 의해 설립되었다—옮긴이), 앙티코르Anticor(반부패), #미투metoo, #블랙 라이프 매터스blacklifematters 같은 운동들은 실제로 반향을 불러일으키고 사람들의 의식을 변화시켰다. 소셜네트워크는 사람들을 모으고 의견을 교환하기에 효과적이다. 독점, 권력 남용, 개탄할 만한 노동 조건, 사육 환경, 도착적 행동이나 성추행을 고발하기에도 용이하다. 미투 운동은 #발랑스통포르크balancetonporc[3]와 #미투인세스트metooincest(나도 근친상간을 당했다)로 확장되었고 앞으로도 해시태그 운동은 여러 형태로 계속되면서 이야기의 톤을 바꿔 놓을 것이다. 하지만 재정적 문제가 너무 클 때, 로비스트들이 너무 막강할 때, 계란으로 바위 치는 형국일 때도 위험을 무릅쓸 가치가 있을까? 정신적 과잉 활동인들은 망설임 없이 그렇다고 대답할 것이다. 그들은 체 게바라가 농민의 대의를 위해 싸웠지만 결국 "총소리 때문에 양 떼가 겁을 먹는다"고 불만을 품은 어느 농민에게 고발당했다는 사실을 잊는다.

의식의 변화는 힘들고 수고스럽게 이루어진다. 그렇지만 집단의 이야기는 우리가 흔히 생각하는 것만큼 고정되어 있지 않다. 역사를 살펴보면 국가의 서사에는 늘 위기, 붕괴, 재건이 있고 중대한 사회적 진보가 있는가 하면 소위 몽매주의obscurantism로의 후퇴도 있다. 인내심을 가지고 유연하게 낙관하되 경계를 늦추지도 말아야 한다. 아르투르 쇼펜하우어가 말한 대로다. "모든 진리는 세 가지 단계를 거친다. 첫 단계에서는 조롱거리가 되고, 다음 단계에서는 강력한 반대에 부딪힌다. 그러고 나서야 늘 자명한 진리였던 것처럼 받아들여진다." 나는 이 말을 보태고 싶다. "맞아요, 쇼펜하우어 선생님, 하지만 그것도 다른 진리가 그 진리를 대체할 때까지만이랍니다."

위대하고 아름다운 서사

집단의 이야기는 세상에 규범과 이해 가능성을 제공하고 집단의 결속을 책임진다. 하지만 그러한 이야기가 매력 있게 다가오려면 근사한 줄거리, 황홀한 모험, 환상적 서사가 있어야 한다. 그런 이야기가 아니면 누가 듣고 싶어 하겠는가? 집단의 결속은 두 방향으로 이루어진다. 일단, 나는 나의 개체성을 포기함으로써 집단에 녹아든다. 다른 한편으로, 나는 집단의 존속에 협력함으로써 집단에 없어서는 안 될 존재가 된다. 이 말은, 내가 집단의 가치관을 받아들이고 집단의 존속을 나 개인의 이익보다 우선시한다는 뜻이다. 집단에 아주 강하게 결속된 사람은 집단을 위한 자기희생까지도 무의식적으로 각오한다. 집단의 공공선이 개인의 이익보다 앞서기 시작하는 지점을 '희생의 축'이라 하자. 그 지점에서 나는 집단의 이야기를 더 이상 문제 삼지 않고 그 이야기가 나에게 요구하는 바를 받아들인다. 예를 들어 납세는 그러한 희생의 축 중 하나다. 내 주머니에서 나가는 돈이지만 나는 그 돈의 사용처를 결정할 수 없다. 국가가 하는 전쟁에 목숨을 걸고 뛰어드는 것은 극단적인 희생의 축이다. 그 밖에도 다양한 희생의 축이 있고 이게—특히 청소년집단에서는—정말로 위험하게 작용할 수도 있다. 청소년들에게 집단의 가치관에 복종하는 표시로 요구할 수 있는 희생이 뭐가 있을까?

집단의 이야기는 클리셰를 뿌리 내리기 위해 영원을 들먹거린다. 영원한 프랑스 운운하지만 프랑스의 국경은 수 세기 동안 끊임없이 변했다. 영원한 여성 운운하지만 케케묵은 성차별주의에 빠지지 않고 여성성을 정의하는 것조차 힘들다. 영원한 브르타뉴 운운하지만 개인 이름을 새겨

주는 브르타뉴산 그릇을 사는 사람은 관광객뿐이다. 대의
는 고결하고 숭고해야만 감정을 전염시켜 융합적 허구를
부양할 수 있다. 우리는 모두 그런 순간들을 사랑한다. 콘
서트에서, 운동회에서, 단체 행동에서, 투쟁에서 집단과 숭
고한 일체감을 느끼는 순간들. 그토록 꺼려졌던 감정의 전
염이 여기서 환영받는 이유는, '올바른' 대의를 중심으로
집단을 똘똘 뭉치게 하기 때문이다. 사람들을 끌어들이기
위해서라면 엄청난 규모의 정복 전쟁, 종교적이거나 세속
적 목적의 원정도 조직될 수 있다. 알자스와 로렌, 헬레네
와 트로이 전쟁, 미국 남부의 노예제 유지…….

마거릿 미첼의 유명한 소설 《바람과 함께 사라지다》[4]
는 미국 남북 전쟁을 배경으로 삼는다. 작가는 당시 남부
민간인들이 그들의 고통, 죽음, 기근에 대한 체험을 승화하
고 그 잔인한 전쟁을 숭고한 투쟁으로 정당화하는 방식을
매우 정확하게 묘사한다. 저마다 집단의 이야기 속에 위치
하며 자신의 희생이 '대의'에 기여했다고 생각한다. 냉소
적인 남자 주인공 레트 버틀러는 누구나 사실로 확인할 수
있는 말 몇 마디 때문에 남부 사회 전체에 밉상으로 찍힌
다. 남북 전쟁이 터지기 전, 그는 남부에는 공장도 없고 제

련소도 없지만 양키(뉴잉글랜드 원주민의 이름으로, 남북 전쟁 당시에는 남군이 북군을 모멸하는 칭호로 썼다—옮긴이)들은 그 모든 것을 가지고 있다고 말했다. 레트 버틀러와 대화를 나누는 사람들은 양키들과 싸운다는 생각에 흥분해서 입에 거품을 문다. 전쟁이 끝나고 나서 그는 이른바 '결전'이 북부인 10만 대 남부인 4만의 싸움이었음을 확인한다. 그는 오로지 사실만을 발언했지만 그 발언이 집단의 이야기에는 너무나 거북했기 때문에 애틀랜타 사교계 전체가 펄쩍 뛰면서 반박했던 것이다. 아니, 어쩌면 남부인들은 진심으로 자기 편 한 명이 양키 열 명을 거뜬히 상대할 수 있으리라 믿었는지도 모른다! 《바람과 함께 사라지다》는 집단 이야기의 힘을 보여 준다. 이 소설이 세계적인 베스트셀러가 되고 소설을 바탕으로 한 영화는 컬트가 되었기 때문에 남부의 집단 이야기는 이상화되고 향수 어린 전설의 형태로 존속될 수 있었다. 아, 남부인들의 삶이란 얼마나 부러운 것이었는지! 아, 그들의 대의는 얼마나 정의롭고 고결했는지! 마거릿 미첼의 이 소설을 읽다 보면 흑인 노예들도 노예살이가 행복했을 거라고, 빌어먹을 양키들이 노예제를 폐지해서 낙심했을 거라고 믿을 지경이다!

집단의 이야기는 비록 구멍과 부정적인 면이 있더라도 건드릴 수 없는 것이다. 신화를 문제 삼으면 그 신화는 무너진다. 진실을 말하고도 죄인이 될 수 있다. 그러한 행동은 집단 자체를 붕괴시킬 위험이 있기 때문이다.[5] 집단 이야기를 구성하는 요소들 역시 대부분 미묘한 차이와 허점을 따지면 안 되는 신화들이다. 장기 기증, 입양, 전기 자동차……. 그러한 신화들에 대해서 "그래요, 하지만……"이라고 토를 달지 말라. 집단의 결속은 개인에 대한 고려보다 중요하다.

일반 사고인들은 집단 이야기의 구멍과 논리적 결함을 문제 삼지 않는다. 그들은 자기를 그 이야기의 등장인물로 생각할 뿐, 시나리오를 다시 쓸 마음이 없다. 시나리오의 모순을 해결하는 일은 그들의 몫이 아니다. 그들의 역할은 이야기가 제자리를 지킬 수 있게 하는 것이다. 반면, 정신적 과잉 활동인은 스크립트의 개연성에 자기도 책임이 있다고 느끼고 작가의 입장에 서서 이야기를 좀 더 매끈하게 구성하려 애쓴다. 배우 입장에서는 그들이 끊임없이 퍼붓는 질문들이 정말로 성가시다. 나는 이제 이러한 메커니즘을 이해했기 때문에 집단의 이야기를 들이받는 여러분의 공격이나 그에 따른 일반 사고인들의 분개 어린 반응이 재미있는 구경거리처럼 느껴진다.

정신적 과잉 활동인들은 《바람과 함께 사라지다》의 레트 버틀러처럼 밉상으로 찍히는 재주가 있다. 그들은 대수롭지 않게 질문을 던지지만 그러한 질문이 건물 전체를 날려 버릴 수 있는 다이너마이트가 될 수 있다. 앙투안 드 생텍쥐페리의 《야간비행》을 읽다 보면 항공 우편 개척자들의 용기에 감탄할 것이다. 그렇지만 이런 의문이 들 수도 있다. 아니, 우편물 수송이 저렇게 목숨까지 바쳐가면서 해야 할 일인가? 마찬가지 맥락에서, 유인 우주선에 탑승하는 우주인의 모습을 볼 때 이런 생각을 할 수도 있다. '왜 우주를 정복해야 하는데? 달에는 뭐 하러 가는데? 얼마나 많은 인명, 시간, 자금, 에너지가 투입됐을까? 차라리 아직도 세계 곳곳에서 굶어 죽어가는 사람들을 구제하기 위해 저 돈과 에너지를 쓸 것이지!' 하지만 우주 정복은 수많은 이들의 꿈이었다. 다른 사람들에게는 그들 나름대로 집단의 이야기에 참여할 권리가 있다. 그 권리를 인정하라.

정신적 과잉 활동인이 집단 이야기 속의 클리셰를 철저하게 지우는 방식을 보고 싶다면 스테판 로즈의 《커플 끝장내기》를 읽어 보기 바란다.[6] 여러 개념이 그렇지만 '기플'이라는 개념도 질문을 제기하기 어려운 집단 이야기 속에 갇혀 있다. 커플의 현실을 감안하자면 매우 유감스러운 일이다. 부부 두 쌍 중 한 쌍은 거의 이혼으로 끝을 본다. 이혼하지 않은 부부 중에서도 체념하듯 결혼 생활을 유지하고 있는 경우가 많다. 그러므로 낡아 빠진 데다가 사실상 실현된 적도 없는 클리셰들의 검토가 시급하다. 스테판 로즈는 '오만한 정상성'이 일방적 지배를 행사한다고 고발하고 커플의 신화들을 하나하나 되짚어 본다. 큐피드의 화살, 결혼이라는 무덤, '귀한 진주'와도 같은 특별한 사람……. 시나리오를 뜯어 고치고 싶어 하는 사람은 재미있는 책이라 생각할 것이고, 시나리오대로 가기 원하는 사람은 짜증이 날 것이다.

이 장을 마무리하면서 그 유명한 '얼룩말' 조크를 꺼내고 싶은 마음을 억누를 수 없다(얼룩말은 영재, 자폐 스펙트럼, 정신적 과잉 활동인 등 광범위한 신경비전형인을 가리키는 은어다―옮긴이). 정신적 과잉 활동인이 집단의 이야기를 어떻게 망가뜨릴 수 있는지 보여 주고 싶기 때문이다.

"신난다, 오늘 금요일이네! 기분 좋지, 스티브?"

"'금요일'이라서 신이 난다는 사실은 네가 '주週'라는 사회적 구성물의 비자발적 노예라는 것을 증명할 뿐이야. '금요일'은 너를 소리 없이 압박하는 기계가 여전히 가동 중이라는 사실을 잠시 외면하게 하는 가짜 희망과 다르지 않아. 린다, 너는 쳇바퀴를 돌리는 햄스터와 비슷하지. '금요일'이라는 말에 너무 흥분해서 네가 우리 속에 갇혀 있음을 깨닫지 못하는 거야."

"그래, 이래서 사람들이 널 상대하려 하지 않는 거야, 스티브!"

자, 신화를 건드려야겠는가? 이제 여러분도 잘 알았을 것이다. 무리를 하나로 만드는 시멘트는 건드리지 않는 것이 상책이다. 하지만 타협점을 찾기는 쉽지 않다. 완전히 이야기 속으로 들어가든가, 밖에 머물면서 그 이야기가 이상하고 충격적이거나 따분하다고 느끼든가 둘 중 하나가 되게 마련이다. 그래도 우리는 여전히 스스로에 대해 성찰할 수 있다.

6장

인생은
거대한
모노폴리 판

우리와 그들을 통합하는 제국

가련한 사피엔스는 자신의 추상 능력 때문에 상상적 현실에 갇혀 있고, 집단의 이야기는 상상적 현실에 일관성을 부여한다. 그 이야기는 집단 결속의 기반이 된다. 이 결속은 사피엔스가 일으킨 기적 중 하나다. 이 분야에 관한 한, 인간은 대적할 상대가 없다. 곤충들조차도 이 정도 규모의 결속을 보여 주진 않는다. 꿀벌은 6만 마리에서 8만 마리가 한 집단을 이룬다. 개미굴에는 수백 만 마리가 우글거린다. 하지만 인간은 13억 명 이상도—중국이나 인도의 경우를 보자면—한 국가 정부의 통제하에 살아간다. 인간은 이 믿을 수 없는 결속력 덕분에 지구에서 그럭저럭 평화롭게 살아갈 수 있다. 사실, 텔레비전 뉴스는 세계 곳곳에서 일어나는 전쟁이나 분쟁에 초점을 맞추지만 세계 인구 사망에서 전쟁으로 인한 사망이 차지하는 비중은 아주 적다. 수천 년 사이에 부족 간의 싸움은 세계 대전을 거쳐 거의 평화로운 협조 관계까지 왔다. 오늘날에는 지구에 남아 있는 화석에너지를 차지하려는 움직임이 분쟁의 주요한 화근이 되고 있다. 분쟁 지역을 지도에서 찾아보기만 해도 알 수 있다. 분쟁은 대개 가스관과 송유관이 통과하는 지역에서 발생한다. 그렇더라도 대략 80억(2023년 기준) 인구가 큰 마찰 없이 잘살고 있는 것은 인간의 탁월한 협조 능력 덕분이다.[1]

하지만 원래부터 이렇지는 않았다. 사피엔스는 이방인을 싫어하는 동물이다. 아리스토텔레스가 배중률(어떤 것에 긍정과 부정이 있는 경우, 하나가 참이면 다른 하나는 거짓일 수밖에 없듯이 이도 저도 아닌 중간적 제삼자는 인정되지 않는 논리 법칙. 제삼자 배척의 원리라고도 한다—옮긴이)을 개념화한 이래로 2500년 넘게 인간의 사고는 기본적으로 이분법적이었다. 육체와 정신, 참과 거짓, 과학과 인문학, 지성과 무지, 선천성과 후천성, 선과 악……. 복합적 사유, 섬세한 차이를 두는 의견, 포괄적 선택에 도달하는 사람은 많지 않다. 그렇기 때문에 사회화라는 면에서 집단의 거부는 견디기 힘든 고통이다. 한쪽에는 '우리'가 있고 저쪽에는 '그들'이 있다. 인종주의, 성차별주의, 차이에 대한 무시는 인간의 의식에 극도로 깊숙이 배어 있기 때문에 매일매일 싸워야 할 대상이다.

이 지점에서 여러분은 내게 하고 싶은 말이 있을 것이다. 사실, 이렇게 반박할 만도 하다. "하지만 선생님도 지금 '우리' 정신적 과잉 활동인들과 '그들' 일반 사고인들을 대립시키면서 제삼자를 배제하고 계시잖아요?" 그래, 맞다. 하지만 이것은 부분적 배제일 뿐이다. 나는 그 차이들을 설명하기 위해 명명해야 하는 입장이다. 그렇지만 나는 무엇보다 기존의 간극을 해소하기 위해 다리들을 놓으려고 노력한다. 다리 놓기가 내 직업이다. 나는 이쪽에는 저쪽이 어떻다고 설명하고 저쪽에는 이쪽이 어떻다고 설명한다. 가능한 한 사실에 입각해서, 최대한 객관적으로 말이다. 서로를 알면 서로 이해하고 상대에 대한 관용을 계발하는 데 도움이 된다. 그렇더라도 내가 나만의 무의식적 주체성을 갖거나 양측의 강점과 약점에 나름의 의견을 갖는 데는 전혀 문제가 없다. 어쨌든 나는, 자신에게 잘 맞는 것은 취해서 자기 생각으로 만들고 나머지는 놓아 둘 줄 아는 지혜로운 사람을 나의 독자로 상정하고 글을 쓰는 것이다. 물론 꼭 그런 사람이 아니어도 괜찮다.

사피엔스가 포괄적 선택 능력이 발전하기를 기다리면서 이 제삼자에 대한 불관용을 피하고자 찾아낸 최선의 방법은 전부 하나로 합치는 것이었다. 그리하여 인간은 실존적 불안을 다스리고 동족 학살을 면하기 위해 타인이 나와 닮을 필요가 있었다. 여기에 깔린 논리는 이렇다. 당신이 우리 중 하나로 인식되면 해로운 일을 당하지는 않을 것이다. 그러나 당신이 우리와 다른 존재임을 드러낸다면 배척당하고 골치 아픈 일을 겪게 될 것이다. 이분법적 사고에서 제삼자의 배제와 집단 결속은 반드시 통일을 거치게 마련이다. 이러한 시각에서 바라보면 모든 것을 표준화하려는 희한한 의지에 비로소 의미를 부여하고 제국, 종교, 돈이라는 개념도 긍정적으로 바라볼 수 있다.

구성원이 백 명을 넘어가는 집단은 수다와 험담만으로

구성원들을 뭉치게 할 수 없다. 그 집단에는 우두머리와 집단의 이야기가 있어야 한다. 그다음에는 집단의 크기가 클수록 결속을 안정시키기 위한 보조 수단들이 필요하다. 집단은 사회적, 법적, 정치적 장치를 갖추게 되고 신앙, 규범, 가치 체계가 따라오면서 그 전체가 우리가 '문화'라고 부르는 통일된 세계관을 제공한다. 이 공통의 문화가 사실은 타인도 우리 중 하나로 인정하게 해 주는 인위적 본능이다. 문화는 고정되지 않고 내부의 움직임과 조절에 의해 계속 변한다. 하지만 다양한 문화들은 차차 하나로 합쳐지는 경향이 있다. 위협적인 '타인들'이 더 이상 존재하지 않으려면 종교는 하나여야 하고, 예언자도 한 명이어야 하며, 유일한 정복자가 건설한 하나의 제국이 있어야 한다. 통일은 필요에 따라 피를 부르지만 자기네끼리 싸우던 부족들을 하나로 규합함으로써 '그들'을 '우리'로 만든다. 정복은 두 단계를 거친다. 첫 단계는 전쟁이지만 다음 단계에서는 소수파를 흡수한다. 첫 단계는 폭력적이다. 전쟁, 예속, 강제 수용, 대량 학살, 약탈, 강간……. 그러다 두 번째 단계에서 지속 가능한 평화가 온다. 제국주의 이데올로기에서 정복자는 그가 정복한 땅에 정의와 조화를 널리 퍼지게 할 의무가 있기 때문에 권위를 인정받는다. 제국은 피정복민에게 발전된 문화의 혜택을 주고 표준화, 하부 구조, 교육, 평화, 정의, 세련됨 등으로 그들의 삶을 좀 더 수월하게 해준다는 명분에 기댄다. 피정복민은 복종을 대가로 보호받으며 새로운 제국의 번영을 보게 될 것이다.

사실, 번영은 통일이 추구하는 가장 큰 이점이다. 모든 인간은 잠재적 고객이다. 물물교환은 거래자와 거래 물품의 수가 한정되어 있을 때만 효과가 있다. 화폐는 훨씬 더 보편적으로, 심지어 서로 알지 못하는 사람들 사이에서조차 협력을 이끌어 내는데, 이것은 다른 집단 결속 수단으로는 이뤄내기 어려운 성과다. 돈은 물건과 교환하기도 쉽고 저장하기도 쉬우니 모두가 원한다. 또한 쉽게 썩거나 망가지지 않으며 생산물, 재화, 서비스 사이의 인터페이스 역할을 한다. 돈은 우리의 상상적 현실 안에서만 가치가 있다. 게다가 오늘날 돈거래의 90퍼센트는 가상적 거래, 다시 말해 데이터가 바뀌는 현상에 불과하다. 그렇지만 돈의 통합적 위력은 지대하다! 오늘날 진정한 제국, 진정한 지도자는 돈을 얼마나 가졌느냐로 결정되지 않는가. 제국은—국가가 아닌 금융 제국일지라도—갈등을 다스리고 동족상잔의 비극을 막는 가장 효과적인 수단이지만 장점만 있는 건 아니다.

우리는 제국의 탄생이 표준화를 추진하면서 창의성을 죽이고 기술적 진보의 정체를 가져온다는 것을 알아차렸다. 게다가 제국은 애초에 불평등할 수밖에 없는 사회 구조다. 끈끈하게 결속시키는 바로 그것을 건드려서는 안 된다. 제국의 제도와 기관을 대표하고 유지하는 이들은 강자들이다. 어느 시대를 살펴보더라도 제국에는 늘 같은 특징이 있다. 국가 구조, 기술 침체, 심지어 과대망상적인 기획마저도 늘 똑같다. 견제가 있으면 모를까, 강자들은 권력을 유지하려는 태도를 절대 스스로 멈추지 않는다. 제국의 쇠퇴는 문명의 추락을 불러왔다. 로마제국이 멸망한 후에 유럽은 사실상 600년간 도탄에 빠졌고 기술적으로도 퇴보했다. 엔트로피 증가의 법칙은 늘 유효하다. 문명은 황금시대를 누리고 나면 퇴락의 길로 접어들고 제국은 언젠가 무너지게 마련이다.

개인은 각자의 자리에서 집단의 결속이 일종의 계약이라는 것을 감지한다. 이 계약은 암묵적이고 불안정하며 늘 위기에 놓여 있다. 개인의 의지만이 집단을 버틸 수 있게 한다. 그렇기 때문에 집단이 똘똘 뭉치려면 개인의 양보가 필요하다. 특히 자신의 개체성과 정신적 독립성에 대한 양보가 가장 중요하다. 우리는 앞에서 이 양보가 맹목적 복종이기도 하지만 의도적 선택이기도 하다는 것을 보았다. 상당수의 경우, 아주 좋은 선택임은 명백하다. 마음 편하게 살 수 있고 소속감도 느낄 수 있으며 쓸데없이 풍파를 일으키지도 않으니 그야말로 윈-윈이다. 요컨대, 평화롭게 살고 싶다면 집단에 복종하는 모습을 보일 필요가 있다. 저마다 '경기 규칙을 준수해야' 한다. 다시 말해, 형세와 결탁의 조합을 받아들여야 한다. 이게 대부분의 사람들에겐 당연한데도 정신적 과잉 활동인들에겐 충격적이고 경악할 만한 일이다.

형세, 사회적 사다리에서의 위치 파악

신경전형인들은 안전하고 원만한 관계를 원한다. 그렇기 때문에 상당히 많은 것을 양보할 준비가 되어 있고 언어로 명시되지 않은 수많은 규칙도 존중한다. 그들은 토를 달지 않고 집단의 이야기에 동조할 뿐 아니라 '형세'라는 게임도 기꺼이 받아들인다. '형세'는 누가 누구인지, 사회적 사다리에서 나와 상대가 어떤 위치를 차지하는지 빨리 파악하게 해 준다.

　여기서 말하는 '형세'를 좀 더 잘 이해하고 싶다면 풍자 만화가들의 스케치를 떠올려 보라. 흉내를 잘 내는 희극인들은 자기가 모사하는 인물의 특징을 기막히게 잡아내고 과장할 줄 안다. 그들은 대개 여러 출처에서 얻은 영감들을 혼합하여 하이브리드 인물을 만들어 낸다. 그들이 모사하는 인물들은 한눈에 누구인지 알아볼 수 있다. 개인적으로 플로랑스 포레스티Florence Foresti는 이러한 형세 개념을 가장 잘 포착한 희극인이라고 본다. 그는 2004년부터 2006년까지 로랑 뤼키에의 방송 〈안 해 본 게 없어On a tout essayé〉에서 수많은 인물을 구현해 보였다. 여러분이 이 방송을 다시 볼 기회가 있거든 인물 하나하나의 옷차림, 대사의 프레이징, 몸짓과 표정, 제스처, 무엇보다 대사를 얼마나 완벽하게 본떴는지 눈여겨 보라. 그녀가 흉내 낸 인물들을 떠올리면 웃음이 나기도 하고 감탄스럽기도 하다. 어떤 희극인은 특정 유명인을 흉내 내는 데 그치지 않고 그 인물의 특징들로 어떤 인간상을 구현하기도 한다. 의욕은 있지만 주변머리가 없는 신입 사원, 너그럽고 개방적인 척하는 꼰대, 자기 자식만 귀한 줄 아는 부모…….

형세에는 다양한 요소가 포함된다. 옷차림이 그중 가장 먼저 눈에 들어오고 또 중요하다. 어깨에 힘을 주고 상대를 보자마자 평가부터 하는 사람들이 많다. 그러한 평가는 찰나의 순간 이루어진다. 그렇기 때문에 첫인상을 잘 남길 기회는 두 번 오지 않는다고들 하는 것이다. 어떤 사람들은 소위 명품 브랜드의 서열이라든가 시계, 자동차, 보석, 가방 가격을 훤히 꿰고 있는 것 같다. 그런 것으로 사람을 평가하는 행위가 초등학교 운동장에서부터 시작된다. 값싼 옷을 입은 아이들을 '텍스(프랑스의 대형마트 카르푸르에서 자체 생산·판매하는 저렴한 의류 브랜드—옮긴이)'라고 부른다든가 하는 식으로 말이다. 내가 많이 봐서 아는데, 정신적 과잉 활동인들은 옷차림에서 드러나는 미묘한 차이에 신경 쓰지 않는다. 어느 브랜드 시계 혹은 구두가 값이 얼마나 나가는지 그들은 잘 모른다. 일반 사고인들은 다양한 활동 분야나 업계의 드레스 코드를 잘 아는 것 같다. 그래서 재빨리 상대의 사회적 수준을 파악하고 그에 걸맞게 상호 작용 안에서 자기 입장을 취한다. 우리는 모두 제복을 입고 있는 셈인가? 그런지도 모르겠다. 그 바닥에서 통용되는 드레스 코드를 거부한다는 것은 상대에게 형세 파악하기 놀이를 하지 않겠다고 통보하는 거나 다름없다. 구성원의 수가 일정 수준을 넘어가는 집단은 활동 리듬, 일관성, 효율성뿐만 아니라 소속감을 고취하기 위해서라도 표준화가 필요하다.

제복 찬가

군인은 국가를 사랑해야 하고, 거기에 자신의 취미와
명예를 두어야 한다. 아름다운 제복의 효용성이 여기에
있다. 별것 아닌 것이, 그게 없었으면 절대 버텨내지 못했을
사람들을 화염에도 굳건히 버티게 할 때가 많다.
—나폴레옹 보나파르트

인정 자극으로서 표면화되는 형세의 극치가 바로 '제복'이다. 옛날 군인들은 눈에 확 띄는 화려하고 번쩍번쩍한 군복을 입고 싸웠다. 이쪽 진영의 군복은 빨간색, 저쪽 진

영의 군복은 파란색이었지만 양쪽 다 금색 계급장, 견장, 방울술, 털모자까지 갖춰 입었다. 군복이 위장과 보호색의 장점을 취하게 된 것은 제1차 세계 대전 이후다.

체조 선수였다가 항공기 승무원으로도 일해 보았던 나에게 제복은 큰 의미가 있다. 제복이 주는 소속감 때문에 나는 제복 입는 걸 좋아한다. 체조 대회에 나갈 때는 모두 이니셜이 박힌 체조복을 입고 행진을 했다. 어느 선수가 어디 소속인지는 체조복 색깔만 봐도 한눈에 알 수 있었다. 공항에서도 승무원 복장만 보면 어느 항공사 소속인지 알 수 있다. 물론 기장의 어깨 견장에 박힌 네 개의 줄이 실제로 항공기 이륙에 도움이 되거나 하진 않는다. 그렇더라도 승객들은 승무원들의 제복을 보고 누가 어떤 역할을 수행하는지 확인할 수 있다. 제복은 경찰이나 세관의 통제를 간소화하는 장점도 있다. 상점에서도 마찬가지다. 점원에게 문의를 해야 할 때 누가 점원인지 옷차림으로 바로 알아볼 수 있으면 얼마나 마음이 놓이는가! 사실, 여러분이 어떻게 생각하든 제복은 어느 곳에나 있다. 댄스 파티나 가면 무도회에 평소 입던 옷을 그대로 입고 간다면 어울리지 않을 것이다.

옷차림이 판단에 미치는 영향

"수도복이 수도승을 만들지 않는다"라는 말이 있다. 이 말이 늘 옳은 것은 아니다. 거칠고 투박한 승복을 입는 것만으로 좋은 수도승이 될 수 없는 건 맞지만 해변에서 수영복만 입고 있는 사람이 수도승이라고 누가 짐작이나 하겠는가? 여러분이 어떻게 생각하든지, 도덕적으로는 그리 탐탁지 않을지 모르지만, 옷차림은 다른 사람을 감지하고 파악할 때 큰 영향을 미친다. 부랑자 행색을 한 사람보다는 청결하고 단정한 차림새를 한 사람에게 더 믿음이 간다. 사회학 분야에서 옷차림이 사람들의 반응에 미치는 영향을 실험한 연구들이 꽤 있다. 같은 사람이라도 너절하고 불량한 행색일 때보다는 정장과 넥타이를 갖춰 입었을 때 히치하이킹에 성공할 확률이 높았다. 최근에 이루어진 한 실험에서는 여자아이를 혼자 돌아다니게 하고 어떤 일이 일어나는지 동영상으로 녹화해 보았다. 이 여자아이가 중산층 아동의 옷차림을 하고 있을 때는 사람들이 친절하게 다가가 길을 잃었는지 물어보았다. 하지만 극빈층 아동의 옷차림을 한 여자아이는 못 본 척 무시했다. 실은 같은 여자아이였는데 말이다. 사실, 교복에는 장점이 있다. 겉으로 보이는 학생들의 빈부 격차를 일부 지움으로써 허울뿐인 평등이라도 제공할 수 있기 때문이다. 또한 교복에 깃들어 있는 '학구적 기운'을 모든 학생에게 무의식적으로 고취할 수 있다.

옷이 전달하는 기운

이런 얘기가 근거 없이 보일지 모르지만 유도 선수는 도복을 차려입으면서 자신이 유도 선수임을 더욱 실감한다. 옷은 내가 나를 느끼는 방식, 나의 행동 방식에 영향력을 행사한다. 잠옷을 입으면 늘어지고 싶고, 청바지를 입으면 편안하고, 정장을 갖춰 입으면 허리를 펴게 된다. 러닝화를 신는 것만으로도 빠른 걸음으로 산책하고 싶은 마음이 생긴다.

그래서 나는 파티복, 축제 의상, 나들이옷, 운동복을 신봉한다. 이런 옷들은 우리에게 기운을 전달하고 우리의 소중한 순간들을 의식화하는 데 기여하기 때문이다. 가령, 평소와 똑같은 복장으로 클래식 연주회에 가는 것은 아쉬운 일이다. 격식 있게 차려입지 않고 청바지와 운동화 차림이어도 얼마든지 음악을 즐길 수 있지만 일상에서 벗어난 순간을 더욱 특별한 경험으로 만드는 즐거움을 다소 상실하는 셈이기 때문이다. 멋지게 차려입는 것은 경험을 세련되게 만드는 작업의 일부다.

물론 근사한 제복의 명예를 위해 목숨을 걸고 싸우라는 선동이 도덕적이지는 않다. 어쨌든 나폴레옹이 한 말은 전반적으로 옳다. 제복은 사람을 흥분시킨다. 항공사 승무원 복을 입고 일하던 시절의 나는—정말로 그래야만 하는 상황이 된다면—불타는 비행기 안에서 나 자신을 돌보지 않고 승객을 한 명이라도 더 탈출시키기 위해 분투할 수도 있을 것 같았다(다행히 그런 상황은 닥치지 않았다). 승객 신분으로 비행기를 이용하면서부터는 다른 승객들의 안위에 객관적으로 그리 관심을 두지 않게 되었다.

드레스 코드를 따르면 쉽다

정신적 과잉 활동인들은 이런 옷차림의 미묘한 규칙을 불편해한다. 그들은 사람을 차림새로 판단하는 것 자체를 싫어한다. 손목에 찬 시계를 보고 상대의 소득 수준을 짐작하다니 얼마나 천박하고 웃기는 일인가! 그들은 과적응suradaptation에 급급한 거짓 자기에 갇혀 있지 않은 이상, 자기가 어떻게 보이느냐에 크게 신경 쓰지 않고 그날그날의 기분대로 옷을 골라 입거나 좀 추레하더라도 편안한 옷을 선호한다. 또한 그들은 때때로 독립심이나 반항심을 옷차림으로 표현한다. 자신이 분위기에 적절치 않은 차림새로 얼마나 믿음직한 인상을 깎아 먹고 있는지, 쉽게 갈 길을 어렵게 가고 있는지 자각하고 있는 사람은 많지 않다.

자기 회사를 운영하는 니콜라는 젊은 기업가 모임에 속해 있다. 내가 니콜라에게 이런 이야기를 했더니 그는 자기는 업계의 드레스 코드를 확실히 알고 있지만 그런 작위적인 관습이 싫기도 하고 동료 기업가들을 좀 도발하고 싶은 마음도 있어서 모임에 '규칙에 걸맞지 않은' 옷차림으로 가곤 한다고 털어놓았다. 이를테면, 그는 '캐주얼' 복장으로 모이는 자리라고는 해도 '비싼' 폴로 티, '비싼' 청바지, '비싼' 운동화, 그리고 무엇보다 '비싼' 시계를 착용하지 않으면 안 된다는 것을 안다. 니콜라는 나와 이 주제로 대화를 나누면서 자신이 더 쉽게 모임에 동화될 수도 있었다는 것을, 자신이 드레스 코드에 맞는 옷과 장신구를 가지고 있으면서도 어리석게 따로 놀았다는 것을 깨달았다.

다미앵은 동료들의 드레스 코드를 잘 모르겠고 자신은

그들과 분위기가 영 맞지 않는다고 하소연했다. 나는 의아했다. 그냥 눈여겨보고 따라하기만 되는데 뭘 모르겠다는 걸까? 물론 다미앵이 그럴 수밖에 없었던 이유는 그의 일부는 그런 짓이 다 쓸데없다고 생각하고 의욕을 일절 품지 않았기 때문이다. 나는 앞에서 했던 설명을 다미앵에게도 했다. 그랬더니 갑자기 그의 얼굴이 환해졌다. 그는 소방관과 경찰관으로 근무한 적이 있었다. 그래서 내가 제복에 대해서 설명하자 단박에 알아들었다. 아침에 제복만 걸치고 나가면 되니 얼마나 간편했는지 모른다고, 제복을 입고 동료들과 함께 일하던 시절의 그 경이로운 소속감이 그립다고 했다. 아, 내가 얼마나 열렬히 공감했는지! 나는 그에게 말했다. "지금 같이 일하는 동료들과도 드레스 코드를 지키면서 바로 그런 소속감을 느끼는 거예요." 다미앵이 이제 이해했다는 것을 표정으로 알 수 있었다. 그렇다, 민간인들에게는 제복 개념이 그렇게 두드러지지 않지만 옷차림이 황홀한 소속감을 안겨 준다는 점은 마찬가지다. 나는 당장 다음주 월요일부터 다미앵이 동료들과 분위기를 맞추기 위해 노력할 뿐 아니라 그 노력에서 즐거움을 찾을 거라 확신했다.

형세와 부의 외적 표시가 어떤 사람들에게는 얼마나 중요한지 이해할 수 있도록 다른 일화를 들어 보겠다. 루이즈는 어느 부부의 집에서 가사도우미로 일했던 이야기를 들려주었다. 그 집은 그렇게까지 부자는 아니었다. 그 집 아내는 중학교 교사였는데 루이즈에게 거만하게 말하기를, 요즘 명품은 명품도 아니라고 했다나! 지금은 누구나 살 수 있는 명품 가방이 널렸지만 그 유난 떨기 좋아하는 여자는 흔한 명품으로는 만족할 수 없었다. 그래서 매우 비싼 한정판 가방의 구매 대기 고객 명단에 이름을 올렸다. 루이즈는 킬킬 웃으면서 말했다. "그 여자가 의기양양해하면서 구매 대기 중이라는 가방을 웹페이지에서 보여 줬지만 별로 예쁘지도 않고 어디서 많이 본 디자인이더라고요. 그러니 제 반응이 그녀가 기대한 감탄과 부러움과는 거리가 멀었을 수밖에요. 그 여자는 골이 났어요." 명품에 관심 없는 정신적 과잉 활동인에게 그런 게 통할 리 있나!

프레이징과 은어 구사하기

어휘와 프레이징도 형세에서 중요한 요소다. 여러분이

자기를 표현하는 방식, 선택한 어휘, 말에 수반되는 몸짓과 자세는 필연적으로 여러분의 사회 문화적 출신을 나타낸다. 사투리를 쓰는 사람은 표준말을 쓰는 사람보다 덜 믿음직하다고 느낀다든가, 슬럼 지역 젊은이들의 말투를 듣고 면접에서 떨어뜨린다든가……. 그래서 어떤 사람은 사투리의 흔적을 지우려고 노력하고 사회적 낙인이 찍히지 않기 위해 스피칭 수업을 받기도 한다.

30년 전에 '레쟁코뉘Lesinconnus'라는 희극인 삼인조가 대단한 활약을 보여 주었다. 그들은 슬럼 지역 젊은이들부터 온갖 직업군과 부르주아들까지 다양한 인간 군상의 특징을 포착하고 모사했다. 무엇보다 대사를 구사할 때마다 그러한 특징에 완벽하게 충실한 어휘, 프레이징, 억양을 보여 주었다.

우리의 일상 언어는 과학 기술, 운동, 금융, 부동산, 회계, 상업, 나아가 법률이나 의학 관련 용어로 점철되어 있다. 내가 '스윙'이니 '피치' 같은 용어를 입에 올리면 여러분은 그걸 듣고 내가 골프를 친다는 사실을 짐작할 수 있다. 내가 '솔페주'가 어쩌고 '전음계'가 어쩌고 하면 여러분은 내가 음악 얘기를 하는구나 알아차릴 것이다. '파라세

타몰'과 '아세틸살리칠산'의 차이를 아는 사람은 의학 관련 일을 할 가능성이 있다. 어느 업계든 그 바닥의 은어가 있다. 우리는 어떤 사람이 업계 용어를 편하게 구사하는 걸 보면 그 사람이 그 업계 사람이려니 생각한다. 여러분이 특정 집단의 어휘를 많이 사용할수록 유능해 보일 수 있다. 또한 여러분과 동료들의 공모 의식도 강화될 수 있다. 은어는 구성원들을 결속시키고 문외한들을 배척한다. 어떤 업계의 은어는 과장이 심하다. 일부러 난해하게 늘어놓는 횡설수설은 무지한 사람들을 현혹하는 동시에 당사자들의 잠재적 무능을 은폐한다. 더 이상 어떤 허풍에도 홀리지 말라. 어느 한 업계의 어휘를 배우는 일은 우리가 생각하는 것보다 쉽다. 그저 정말로 관심을 기울이기만 하면 된다.

형세라는 개념은 우리 인간의 활동에 깊이 배어 있어서 그러한 태도를 반대하는 사람들조차 은연중에 사용하고 있다. 카를로스 티노코는 《영재들》[2]을 위시한 여러 저서에서 지적한다. "반순응주의와 반항을 지지하는 대안적 사회들마저도 규범 만들기에 급급하고 그중 대다수는 여느 사회들과 완전히 똑같은 방식으로 그 규범을 사용한다. 소속을 보장하고 모든 이탈을 규탄할 수 있는 일종의 기강을 세우기 위해 규범에 바짝 매달리는 것이다."

이처럼 어느 바닥에서든, 심지어 반순응적이라는 곳들조차도, 사람들은 대부분 그들이 구현하기 원하는 형세를 취하는 데 열심이다. 어디에나 그 바닥의 코드가 있다. 어느 업계를 외부인이 대놓고 비판하는 건 봐줄 수 있다. 그렇지만 엄연한 내부인이 '규칙을 따르지 않는다'면 많은 이에게 밉상으로 찍힐 것이다. 프랑스어 관용 표현 'jouer le jeu(게임의 규칙을 존중하면서 참여하다)'는 사람들을 형세라는 관계적 메커니즘으로 묶어 주는 공모connivence를 정확히 드러낸다.

공모, 인생은 약속된 연극이다

공모는 인간들에게만 가능한 이 놀라운 사회적 결속의 두 번째 창이다.

이런 장면을 상상해 보라. 어떤 무대에 연극 〈르 시드Le Cid〉를 올리기로 했다. 배우들은 17세기 의상을 차려입었다. 그들은 대본을 외웠고, 언제 어떻게 대사를 해야 하는 지 안다. 무대에서의 동선도 물론 다 정해졌다. 그들은 무대에서 자기가 서야 할 위치를 안다. 모두 준비를 끝냈고 당장이라도 막을 올릴 수 있다. 그런데 웬 불청객이 무대에 난입해 어슬렁대며 빈둥거린다. 동 디에그가 아들에게 "로드리그, 그럴 마음이 있느냐?"라고 절체절명의 대사를 던진 순간, 그놈의 불청객이 깜짝 놀라서 배우를 향해 "그게 무슨 말이에요?"라고 묻는다. 배우는 성질이 나서 "아, 미치겠네! 이건 대사라고요!"라며 소리칠 것이다. 불청객은 한술 더 뜰 수도 있다. "저기요, 대사 말고 당신이 할 말을 해 보지 그래요. 동 디에그 역할을 하지 않을 때의 당신은 어떤 사람인가요? 옷은 또 왜 그렇게 입었어요? 진짜 당신은 이렇지 않잖아요." 누가 그걸 모르나? 배우들은 모두 자기들이 연기하는 중이라는 것을 알면서 즐기고 있다. 그런데 무신경한 외부인이 그들의 연극을 망쳐 버렸다! 그들은 노기등등해서 그자가 입을 다물기만을 바란다. 불편한 침묵이 내려앉으면 불청객은 그제야 자기가 방해가 되었다는 것을 눈치 채고 무대를 떠난다. 만약 그가 끝까지 눈치 없이 군다면 험한 꼴을 보고 쫓겨날지도 모른다. 여러분이 모임에 기껏 초대받고 가서 하는 행동도 크게 다르지 않다. 인생은 연극이다. 모두가 그 사실을 알고, 받아들이고, 즐긴다. 정신적 과잉 활동인들만 예외다. 이제 여러분이 지나가는 곳마다 불러일으키고 다니는 불편한 느낌의 성격을 이해했는가?

그렇다면 형세와 공모 개념에서 발견한 것을 어떻게 적용해야 할까? 실은 여러분도 그 모든 것을 직관적으로 알고는 있었지만 헛되고 부질없어 보여서 등한시해 왔음을 깨달았을지도 모르겠다. 여러분이 '결속'이나 '안전'이라는 단어에 의미를 부여하지 않았기 때문에 그런 것들이 헛되고 부질없어 보였을 것이다. 이제까지 여러분은 타인의 차림새나 어휘를 구성하는 요소들이 전달하는 메시지를 고려하기를 거부했다. 형세는 여러분의 관심사가 아니었고 그저 인간 대 인간으로 대등하게, 겉모습 따위에 구애받지 않고 소통하기를 원했다. 형세의 연출에 온갖 공을 들이는 사람들이 여러분을 마주하면서 얼마나 당황했을지 이제 알겠는가? 여러분은 그들이 원하는 공모를 거부함으로써 그들의 심기를 거슬렀다. 이제 여러분에게 일견 '우스워 보이는' 코드일지라도 존중하는 편이 이롭겠다는 생각이 들

것이다.

게임 규칙 따르기

"게임 규칙을 존중하면서 참여한다"는 말은 명시적으로 드러난 규칙을 따른다는 의미도 있지만 암묵적 규칙도 숙지하고 신중하게 고려하여 난관을 타개한다는 의미도 있다. 교류분석의 창시자 에릭 번은 '함정이 있는 교류'가 존재한다는 점을 잘 지적해 주었다. 소통에는 겉으로 드러나 있는 수준과 숨겨져 있는 목표들이 있다. 일반 사고인들은 숨겨져 있는 대다수의 목표들을 완벽하게 숙지하고 있는 듯 보인다. 반면, 정신적 과잉 활동인들은 그러한 목표들의 극히 일부만 감지한다. 어떤 부분이 은밀하게 작용하는지 포착하기에는 여러분의 '암묵적인 것'에 대한 이해가 심히 부족하다.

마르셀 파뇰Marcel Pagnol의 희곡 〈토파즈Topaze〉에서 청렴한 교사는 학교에서 자행되는 암묵적 매수와 조작 행위를 이해하지 못했기 때문에 사립 중학교에서 쫓겨난다. 그는 돈 많고 유력한 부모를 둔 학생에게 성적을 잘 주라는 요청을 받는데, 만약 그 요청대로만 했으면 학교에서 쫓겨나기는커녕 상을 받았을 것이다. 그 장면은 흥미롭고 대단히 명쾌하다. 관객을 포함한 모두가 숨겨져 있는 관건이 무엇인지 안다. 정신적 과잉 활동인들조차도 관객 입장일 때는 안다! 오로지 주인공 교사만 그 많은 암시를 알아차리지 못한다. 그래서 그 장면이 재미있다. 순진한 교사도 결국은 복수를 하게 된다. 극이 진행됨에 따라 그도 차차 이 냉소적 세계의 규칙을 이해하고 숙지하고 적용하게 되기 때문이다. 주인공은 부유하고 힘 있는, 모두가 좋아하는 사람이 된다. 돈이 많아서 좋아하는 것이긴 하지만 그런 것도 힘 겨루기의 일부이니 그는 기꺼이 받아들일 것이다.

암묵적 코드를 이해하려면 일단 그런 코드를 너무 심각하게 생각하지 않아야 한다. 토파즈도 자기 소신을 내려놓고 그렇게 했다. 이건 속임수도 아니고 위선도 아니다. 인생은 게임이다. 나는 우리가 상상적 현실 속에서 산다고 했다. 그러니 그 안에서 놀아 보라! 리처드 바크는 심오한 소설 《환상: 어느 마지못한 메시아의 모험》에서 인생은 그저 배우고 즐기기 위해 있는 것이라고 했다. 주인공 시모다, 이 마지못한 메시아의 입을 빌려 말한다. "우리 인간들은 수달처럼 즐겁고 유쾌한 피조물들이지요. 우리는 우주의 수단이에요." 그는 양자적 세계관에 입각해 우리가 저마다 자신의 상상에서 관통할 수 있게끔 허락된 바로 그것만을 산다고live 믿었다. 바로 그런 점에서 리처드 바크는 조 디스펜자, 그리고 창의적 사고를 신봉하는 동향에 맞닿아 있다.

우리는 연극, 축구 시합, 카드 게임을 즐긴다. 삶의 두려움을 잠시 잊게 해 주는 컴퓨터 게임은 또 어떠한가. 이 글을 쓰다가 생각난 친구가 한 명 있다. 그녀는 게임 화면 속 자기 캐릭터가 거대한 달팽이에게 추격을 당하자 진짜 자기가 쫓기기라도 하는 것처럼 비명을 질러댔다. 그 친구는 스트레스 때문에 눈물까지 보였고, 우리는 그 친구를 보고 웃느라 눈물이 다 났다. 현재 실행 중인 게임에 그렇게 진지해질 수도 있고, 가벼운 마음으로 임할 수도 있다. 인간은 상상적 현실에 점점 더 깊이 들어박혀 모든 것을 심각하게 받아들이는 경향이 있다. 축구 시합에 목숨이라도 걸었나? 왜 심판을 욕하고 관중석은 흥분해서 난리굿인가? 유소년 아마추어 축구 클럽들이 학부모들에게 애들이 월드컵에서 뛰는 게 아니라고 일일이 알려 줘야 할 지경이다! 정신적 과잉 활동인들은 과민 체질이기 때문에 여느 사람들보다 훨씬 더, 때로는 분위기에 맞지 않을 정도로 사태를 극적으로 과장하고 심각하게 생각한다. 복잡성 사고는 단순한 일을 복잡하게 꼬아서 생각하고 까다로운 일은 되레 쉽게 받아들인다. 그래서인가, 이러한 사고방식은 오히려 진짜 큰일은 거리를 두고 바라보면서 일상을 부풀려 생각하는 것 같다. 그러니 숨을 크게 들이마시고 미소를 지어 보자! 시모다의 말이 옳다. 인생은 재미있게 놀다 가라고 있는 것이다. 인간은 이야기를 좋아하는 만큼 모든 종류의 놀이도 좋아한다. 운동 시합, 시청각 게임, 보드게임……. 그리고 인간은 놀이에 푹 빠지면 외부 현실을 잊는다. 주사위를 던지고, 말을 이동시키고, 점수를 셀 때는 그 판에 완전히 몰입해서 일상과 분리된다는 것을 여러분도 경험상 알지 않는가? 아, 자기가 만들어 낸 가상에 매몰된 거대한 뇌라는 게 이렇다. 깨어나기란 불가능하다!

그런데 비유를 하자면 사회생활도 놀이라고 할 수 있다. 아니, 사회 자체가 일종의 거대한 '모노폴리' 판이다. 어떤 사람은 신나게 게임을 하고, 어떤 사람은 절망한다. 모노폴리를 하다 보면 파산하거나 감옥에 갈 수도 있고 떼돈을 벌 수도 있다. 게임을 제대로 하는 사람들은 이런 규칙을 온전히 수용한다.[3] 어쩌면 그래서 대부분의 사람은 노숙자들의 존재나 금융 스캔들에 그렇게까지 충격을 받지 않는지도 모른다. 게임을 했고, 졌다. 패배도 게임의 일부다. 게임에 뛰어들었고 그 안에서 고비를 잘 넘길 수 있었던 사람들은 뿌듯해하고 안도한다. 놀이터에서 뺑뺑이에 올라탄 이들은 자리를 양보하거나 밖으로 튕겨 나갈 위험이 있는 행동을 하지 않을 것이다. 튀지 않기, 따로 놀지 않기, 규칙 존중하기, 규칙을 세운 이들과 원만한 관계 유지하기, 이런 게 암묵적인 것의 핵심이다. 가려져 있지만 사실 그렇게까지 가려져 있지는 않은 관건, 그건 바로 규칙이 아무리 임의적으로 보일지라도 진심으로 받아들여야 한다는 것이다. 사회에서 하는 게임은 보드게임보다 새로울 것도, 크게 다를 것도 없다. 모든 게임에는 나름의 규칙이 있고, 이 규칙이나 저 규칙이나 임의적이기는 마찬가지지만 늘 완벽히 받아들여진다. 축구 선수는 손으로 공을 잡지 않는다는 규칙을 일단 수용하고 경기에 뛰어든다. 형세 게임과 공모 게임도 그렇게 수용하면 된다.

여러분이 충격을 받을지도 모르지만 더 깊이 들어가 보겠다. 규칙을 준수하면서 모노폴리 게임을 한다는 게 실은 상당히 따분하다. 자기 차례를 기다리고, 주사위를 던지고, 말을 옮기고, 카드를 뽑아서 지시 사항을 읽고 …… 칸에 잘 들어가 (물론 허구적인) 돈을 많이 모으고 땅이나 호텔이나 열차역을 살 기대에 부푼다. 재산을 불리는 것은 주사위 던지기와 카드 뽑기 운에 전적으로 달렸다. 하지만 모노폴리를 하면서 속임수를 써 보라. 게임이 그렇게 신나고 짜릿할 수가 없을 테니까! 다른 사람들이 눈치채지 않게 지폐를 슬쩍 가져오고, 내 땅에 건물을 하나 올려놓고, 주사위에 장난을 치고, 숫자를 잘못 센 척하면서 엉뚱한 곳에 말을 옮겨 놓고, 원하는 카드를 뽑을 수 있게 카드를 섞고……. 얼마나 재미있고 좋은가! 다른 사람에게 속임수를 들키더라도 그 사람도 내 편으로 끌어들여 공범으로 삼을 수 있을지 모른다. 공범에게도 판이 유리하게 돌아가도록 슬쩍 도와주면 못할 것도 없다. '청렴한' 게임 참여자들, 다시 말해 곧이곧대로만 하는 사람들은 재미도 없고 게임에서 이길 확률도 적다. 사기꾼들은 이기니까 점점 더 신이 난다. 충격받았는가? 하지만 게임일 뿐이다! 가짜 종이돈 외에는 훔친 것도 없고, 비 오는 일요일의 보드게임 한 판이 뭐 그리 대단하다고. 여러분의 언짢은 표정이 보인다.

지극히 임의적이고 바보 같은 보드게임의 규칙을 여러분이 절대불변의 법칙처럼 받아들이고 있었던 것이다.

인생이 모노폴리 게임보다 더 진지한 것도 아니다. 사피엔스는 규칙을 따분해하면서도 스스로 규칙에 갇혀 산다. 한쪽에는 신나게 놀면서 주머니를 두둑하게 채우는 사기꾼들이 있다. 반대쪽에는 바비큐 파티 같은 뒤풀이로 마음을 달래는 패자들이 있다. 그 중간에서 갈피를 못 잡고 황당해하는 정신적 과잉 활동인들이 있다. 그들이 사회에서 가장 자주 문젯거리가 된다. 게임할 때 짜증 나는 사람은 속임수를 쓰는 사람이 아니라 게임의 규칙을 끝없이 물고 늘어지는 사람이기 때문이다. 블롯 카드놀이를 하는 사람과 타로 카드놀이를 하는 사람이 만나면 서로 점수 계산법이 달라서 부딪치게 마련이다. 정신적 과잉 활동인의 행동이 사회를 방해하는 양상이 딱 그렇다. 뭘 하든 규칙을 전적으로 지지하지 않는 태가 난다. 열의 없고 빈정거리는 태도가 남들 눈에는 안 보일까. 합의된 방식으로 반응하거나 응수하지 않고 무리를 분열시키며 다른 게임 참여자들의 열띤 흥분에 찬물을 끼얹는다.

규칙은 규칙이다

어떤 단체나 클럽에 들어가려면 입회 신청서를 작성해야 한다. 그러면 자연스럽게 자기 이름과 연락처 등을 밝히게 된다. 개인 정보 요구에 이의를 제기할 수도 있겠으나 어떤 항목은 필수적으로 입력해야만 한다. 여러분이 필수 입력 항목을 채우지 않는다면 그 양식은 효력이 없다. 사회도 마찬가지다. 여러분이 채워야 할 항목을 채우지 않으면 사회에 편입될 수 없다.

정신적 과잉 활동인들이 놓치는 암묵적인 지시는 유치원 때부터 늘 똑같았다. 토 달지 말고 시스템을 따라라, 그러면 마땅한 보상을 받을 것이다. 사회적 규칙이라는 면에서 미리부터 복종을, 집단의 규범을 원칙적으로 지지할 것을 요구받는다. 이것은 정당한 방식의 교환이다. 여러분이 규칙을 지지하면 집단은 여러분의 소속을 인정할 것이다. 이걸 납득하고 나면 부조리하게만 보였던 의식들이 의미를 띠게 된다.

나는 면접을 보고 온 정신적 과잉 활동인이 해당 면접을 "지원자의 능력을 검증하기에 턱없이 부족한 절차"였다고 비판하는 경우를 한두 번 본 게 아니다. 그건 잘못된 평가다. 면접은 지원자에게 기대하는 주요 능력을 시험하기 위해 마련된 자리다. 지원자가 팀에 잘 편입될 수 있는지 복종 본능을 본다. 그리고 팀은 다시 회사의 시스템에 종속되어야 한다. 나는 사회 초년생 시절 에어프랑스 취업에 실패했다. 입사 시험에서 조원들과 함께 '미래 도시'를 구상해 보라는 집단 과제가 나왔다. 나는 다른 지원자들이 왜 철로 옆에 서민 임대 주택을 못 세워 안달인지 이해할 수 없었다. 나는 용모를 잘 갖추었고 신체 검사도 합격했으며 수영 실기시험은 일등이었다. 응급 구조법과 항공 안전 규칙도 완벽하게 숙지하고 있었지만 서민 임대 주택에 대한 나의 좌파 휴머니스트적 견해가 면접관들의 마음에 들지 않았던 모양이다. 다행스럽게도 지역 항공사들은 그런 면에 얽매이지 않고 다소 불온한 승무원인 나를 채용해 주었다.

학위도 마찬가지다. 건축학과 3학년생 마티외는 이렇게 말했다. "문제가 뭔지 이해하기 전까지는 우울하고 불안했어요. 과에서는 그냥 학위를 따기 위한 것만 배워요. 졸업장 한 장 받아봤자 실제로 일선에서 뛸 준비가 되어 있을 리 없는데 말이죠." 정신적 과잉 활동인 대부분이 학업의 내용과 학위의 취득 과정에 불안해한다. 이 때문에 그들은 일을 곧잘 하면서도 자격 없는 사기꾼이 된 듯한 기분에 시달린다.

이자벨은 저녁 모임에서 다른 초대 손님과 대화를 나누었던 얘기를 들려 주었다. 대화 주제는 5G였다. 이자벨은 사실에 입각해 주장을 폈지만 상대는 엉터리 같은 소리만 늘어놓아서 대화는 점점 험악해졌다. 그녀는 더 이상 물러설 수 없어서 결국 자신이 공대 출신이라고 고백했다. 상대는 완전히 인상을 구기면서 그 자리를 떴다. 나는 이렇게 말했다. "이자벨이 처음부터 그 분야 전공자라고 말을 했다면 문외한을 붙들고 시간 낭비할 필요가 없었을 거예요. 그 사람이 나중에 망신당한 기분을 느끼지도 않았을 거고요. 이자벨이 자기를 바보 취급해서 일부러 헛소리하는 꼴을 두고 본 거라고 그 사람은 생각했을 거예요. 왜 처음부터 말하지 않았어요?" 이자벨이 약간 거북해하면서 쭈뼛쭈뼛 대답했다. "대학 졸업장이 있다고 하면 얘기가 어떻게 흘러갈지 뻔히 아니까요." 사실, 우리도 안다. 대학은 순응주의의 극치이고 권력 싸움으로 안에서부터 곪아 터졌다. 이러한 실태가 당장 바뀌지는 않을 것이다. 그러니 사기꾼이 된 듯한 기분은 내려놓고 여러분의 학위는 카드 놀이의 '에이스' 정도로 생각하라. 타로 게임에서 이 카드는 그냥 1점이다. 하지만 블롯 게임에서는 '에이스'다. 여러분의 학위는 일반 사고인의 세계가 거기에 부여하는 가치에 상응한다. 그러니 학위를 평가절하하지 말라. 그와 동시에, 자기 요구에 부응하는 진정한 배움은 학위를 받고 나서 시작된다는 것을 기억하고 여러분의 리듬과 생각에 맞게 배움을 완성해 나가는 것이 중요하다.

시스템에 늘 딴죽을 거는 입장에 서려는 게 아니라면 규칙이 원래 임의적이라는 생각을 받아들이는 편이 좋다. 면접에서 시스템에 대한 복종 여부를 시험하는 이유는 지원자의 기술적 능력을 시험하는 이유만큼이나 정당하다. 능력을 충분히 갖추었더라도 인간적으로 참아내기 힘든 사람은 기업의 생산성을 떨어뜨린다. 요컨대, 규칙은 규칙이다. 어째서 우리는 간발의 차로 '오프사이드'를 범하고 마는 걸까?

집단의 폭력성, 입문 의식에서 신고식까지

사회는 집단의 일원이 되는 것을 가치 있게 여기고 집

단이 정한 선을 넘으면 벌을 받아야 한다고 본다. 우리가
아닌 사람은 남이고, 남은 집단을 위협한다. 자유 전자들
은 전복적이기 때문에 빨리 질서로 편입시켜야 한다. 공동
체는 언제나 구성원의 충성도와 집단의 코드에 대한 복종
을 시험했다. 집단에 맞서 들고 일어난 자는 늘 반항의 대
가를 치렀다. '옴 붙은 양'은 무리에서 격리되었고, 연인을
스스로 선택하는 자유로운 여성들은 마녀로 몰려 화형당
했다. 종교 재판은 감히 교리를 문제 삼고 이견을 제시하
는 이들을 응징하기 위해 설립되었다. 미국에서는 공산주
의자들을 쥐 잡듯 잡았고 소련에서는 자본주의자들을 처
형했다……. 아는 사람이 많지 않아서 그렇지, 중세의 샤
리바리Charivari도 비폭력적인 소동만은 아니었다. 샤리바
리는 공동체의 전통이나 도덕적 가치를 깨뜨린 자에게 가
하던 처벌 의식이다. 규범을 어긴 자가 복종할 때까지 마
을사람들은 소란을 피우고 망신을 주었다. 불과 얼마 전까
지도 폭력적이고 트라우마를 남기는 신고식들이 아무 문
제없는 편입 의례으로 간주되었다.[4] 지금은 명문 대학들의
'단합의 날'도 교육적으로 유익한 축제처럼 치르려고 노력
중이다. 구성원의 이견이나 이탈을 탄압하는 집단의 폭력

성은 지금도 마찬가지지만 예전만큼 물리적이진 않다. 집단의 압박은 점점 더 괴롭힘의 양상을 띠고 소셜네트워크가 여기에 힘을 보탠다. '미디어 재판'이라는 말이 괜히 나오는 게 아니다. 집단의 시너지는 교란 요인들로부터 자신을 지킨다. 전체의 결속도 마찬가지다.

이탈자들에게 약속된 보복

나는 오랫동안 일반 사고인들은 괴롭힘에 대해서 아무것도 모른다고 생각했다. 그래야만 공모에 가까운 그들의 수동적 방관을 받아들일 수 있었기 때문이다. "강자들의 뒷거래를 훼방 놓아서는 안 된다"는 규칙을 발견하고서부터 그들이 행동하지 않는 이유에는 두려움과 복종도 있다고 생각했다. 비겁하다는 생각도 들었지만 용인할 만한 정도였다. 하지만 나는 이제 생각이 바뀌었다. 일반 사고인들 대부분 정신적 과잉 활동인이 괴롭힘을 자초했으니 괴롭힘을 당해도 싸다고 생각하는 것 같다. 어쨌든 질서를 교란하고 표준에서 어긋나는 행동을 했으니 정당한 벌을 받는 게 아니냐고? 앞에 나서기 좋아하고 서비스의 혁신을 꿈꾸는 직원은 다들 피곤해한다. 누가 저 인간 인생 공부도 시킬 겸 책임지고 밟아 줬으면! 물론, 대놓고 그런 말이 오가지는 않는다. 하지만 교육 기관들, 특히 학교들이 학교 폭력 문제를 마주할 때 으레 하는 말에서부터 그런 속내가 들여다보인다. 학교 폭력 피해자가 '학교생활 적응에 문제가 있다'는 말이 예사로 나오고, 피해자의 자살조차도 정신력이 약하다는 증거처럼 얘기된다. 엘리트주의는 지극히 진화론적인 현상이다. 약자에게 베풀 연민은 없다! 나도 이런 가설을 글로 쓰면서 마음이 편치는 않다만, 그게 맞는 것 같아서 두렵다. 어느 업계나 거기서 통용되는 게임의 규칙이 있다. 마피아도 그렇다. 규칙을 모르거나 존중하지 않는 자는 호되게 대가를 치른다.

하지만 오메르타Omertà, 일명 침묵의 규율이 마피아에만 있는 건 아니다. 군대가 '거대한 침묵' 집단으로 통하는 이유가 뭘까? 또 최근에는 교내 폭력과 학교 당국의 쉬쉬하는 태도를 고발하는 #파드바그PasDeVague(대응 없음) 운동이 일어나기도 했다.

쓰라린 진실보다 달콤한 거짓을 원한다

이제 충분히 설명을 들었으니 경종을 울렸던 사람들이

폭로의 대가를 비싸게 치르곤 했던 이유를 이해할 것이다. 일반 사고인들이 위험을 알리는 자와 밀고자를 구분하는 기준은 정신적 과잉 활동인이 적용하는 기준과 다르다. 정신적 과잉 활동인은 정보를 사실에 비추어 판단하지만 일반 사고인은 정보가 일으킨 풍파와 분란을 더 크게 본다고 할까. 나는 최근에야 '명예 훼손'이 거짓 소문에 국한되지 않고 사실을 적시했더라도 타인의 명예에 타격을 입혔다면 법적으로 성립한다는 걸 알았다.

분란을 싫어하는 자들과 거짓말에 치를 떠는 자들 사이에서 심리 조종자들은 양쪽 모두에게 거짓말을 하고 증폭기를 교묘하게 사용하여 승부를 지휘한다. 그들은 어느 한쪽의 스캔들을 악화시켜 다른 쪽의 보복을 확대하는 재주가 있다. 여러분은 정의감이 투철하고 진실을 중시하기 때문에 성가신 일에 휘말리기 쉽다. 아마 어렸을 때부터 이런 말을 많이 들었을 것이다. "진실이라고 해서 말해도 다 좋은 건 아니다." "사람들은 쓰라린 진실보다 달콤한 거짓말을 더 좋아한다."

격언들은 진실을 말할 때 따르는 위험을 잊지 않고 경고한다. 하지만 정신적 과잉 활동인은 침묵을 지킬 줄 모르고 너무 자주 진실의 함정에 빠져든다.

내담자 마리엘렌이 그 함정의 메커니즘을 밝혀 주었다. 그녀는 내게 설명했다. "저는 사람들의 비언어적 의사소통에 민감하거든요. 그래서 누가 거짓말을 하면 대개 알 수 있어요. 가령, 우리 집 커튼이 참 멋있다고 마음에도 없는 말을 하면 저는 바로 알아차려요. 그 사람이 좋아하지도 않는 걸 좋아하는 척 거짓말하는 게 기분 나빠요. 차라리 자기 인테리어 감각하고는 좀 안 맞는다고 얘기하는 게 나아요. 사람마다 취향이 다르니 충분히 이해할 수 있고, 솔직한 태도는 외려 호감 가잖아요. 그런데 역으로, 다른 사람들도 비언어적 의사소통을 알아차릴 테니 제가 마음에 없는 말을 하면 다 알 거 아니에요. 그래서 저는 그 사람 기분을 생각해서 솔직하게 진실을 말하는 거예요." 내가 결론을 내렸다. "거짓말로 상대의 기분을 상하게 하지 않으려다 보니 커튼이 흉하다는 말을 대놓고 하게 됐군요!" 우리는 함께 킬킬대고 웃었지만 겉으로 드러나지 않은 진실의 함정은 실제로 이런 것이다.

일반 사고인들의 세상에서는 자기 생각을 있는 그대로 말하지 않고 그 상황에서 해야 하는 말을 한다. 모든 것이 코드화되어 있다. 누구에게 초대받은 저녁 식사 자리에서는 무조건 음식이 아주 맛있다고 해야 한다. 더 말할 필요도 없다. 누가 커튼이 어떤지 물어보면 당연히 아주 멋지다고 대답해야 한다. 뭐가 더 필요한가. 간단한 얘기다! 진실을 꼭 말해야겠거든 예의범절과 진실에 대한 욕구 사이에서 윤리적 타협을 모색하라. 창의력을 한껏 발휘해 예의에 어긋나지 않으면서도 거짓말은 아닌 표현을 찾아보라. 결과보다는 의도와 노력을 칭찬한다든가, 커튼 자체는 그저 그렇지만 전체 인테리어와 조화롭게 어울린다고 말한다든가.

선택지가 없는데 마치 있는 것처럼 물어본다든가, 조언하는 것 같지만 꼼짝없이 그대로 따라 주기를 암묵적으로 기대한다든가 하는 화법은 일반 사고인들의 주요한 특기다. 그러한 화법이 끝없는 오해의 불씨가 된다. 사실, 대놓고 명령하면 기분이 나쁘니까 의견을 묻는 듯한 태도를 취하는 건 좋다. 그렇지만 정신적 과잉 활동인은 정말로 선택지가 있다고, 혹은 조언은 참고만 하고 넘어가면 된다고 착각한다. 암묵적 화법이 먹히지 않을 때, 그 실망은 수신자와 발신자 모두 이만저만하지 않다. 발신자는 상대의 저

항에 당혹스러워하고 수신자는 감춰진 명령과 구속에 아연실색한다. 아니, 어차피 시킬 거면서 왜 나에게 하겠냐고 물어본 거야? 게다가 시스템에 복종한다는 것은 어떤 상황에서나 가면을 잘 쓴다는 뜻이기도 하다. 그런 걸 'faire bonne figure(처신을 잘하다)'라고 한다. 어쩔 수 없이 받아들인 일도 사람들 앞에서는 티를 내지 말고 좋아서 하는 일처럼 해야 한다. 이 사회는 그러한 태도가 옳다고 본다.

이제 여러분은 다음과 같이 대답해서는 왜 안 되는지 이해할 것이다.

"자, 그럼 내일 모이는 거, 다들 괜찮지?"

"내가 말했잖아. 모여 봤자 쓸모없다니까? 하지만 너는 모이고 말고를 선택할 여지를 주지 않았잖아!"

코드와 절차를 존중하면 (그것들이 부조리해 보일지라도) 여러분 때문에 분란이 일어나지는 않을 테니 기본적으로 안심할 수 있다. 일반 사고인들이 요구하는 게 바로 그런 것이다. 역설적이지만 진짜배기 사기꾼들은 규칙에 복종하는 시늉을 완벽하게 해내면서 딴짓을 할 수 있다. 정신적 과잉 활동인들은 그 반대로, 대부분 부지불식간에, 이러한 메시지를 전달한다. '당신들이 꾸며 낸 태도에 관심 없습니다. 모든 종류의 가면 놀음을 경멸합니다. 나는 내 자유가 너무 소중합니다.' 이 메시지가 사람들을 불안하게 만든다. 정신적 과잉 활동인이 자꾸 미운털이 박히고 이리저리 치이는 이유다. 일반 사고인은 집단 이야기에 완전히 들어가 있기 때문에 형세에 그의 삶의 의미가 달렸다는 사실을 잊으면 안 된다. 그래서 누군가가 집단의 규칙을 어길 때 그의 눈빛에서는 분노가 이글거린다.

이제 여러분은 설명을 충분히 들었으니 선택할 수 있다. 상대의 비위를 건드리지 않도록 주의할 것인가, 그냥 들이받을 것인가. 선택은 여러분에게 달렸지만 잘 생각하기 바란다. 한 번도 흔들린 적 없는 시스템은 폐쇄되고 경직되게 마련이다. 그러한 시스템에 우리가 해야 할 역할이 있는지도 모른다.

노모패시, 다양성을 죽이는 규격화

물론 제국은 평화, 문화, 번영을 불러온다. 그렇지만 그것도 한동안이다. 일정 기간이 지나면 제국은 창의성을 말

살하고 번거로운 행정 절차와 부패한 엘리트층 때문에 정체되고 질식되며 쇠락의 길로 접어들었다가 결국 멸망한다. 제국의 병명은 노모패시Normopathy, 즉 과도한 표준화의 욕구다.

뭐든지 초기화하려 들면 문제들이 불거진다. 배중률은 차이를 위협적인 것으로 느끼게 하고 갈등을 불러온다. 극단적 불관용의 경우, 상대를 거부하고 배척하는 힘의 근원은 공포다. 그 유명한 '포비아phobia'는 온갖 단어에 붙을 수 있다. 제노포비아(외국인 혐오), 호모포비아(동성애 혐오), 그로소포비아(비만 혐오), 글로토포비아(외국어 악센트나 사투리 혐오)……. 아주 많은 것이 빠르게 혐오와 폭력으로 변할 수 있다. 타인에 대한 공포를 명분으로, 그 공포를 길들이기 위해 최대한 초기화하고, 규제하고, 통합하고, 표준화하려는 것이다. 처음에는 사물과 행동을, 그다음에는 가치관과 이념을, 나중에는 인격까지 입맛대로 다듬으려 한다. '단일한 생각' '정치적 올바름'에 이의를 제기하는 목소리가 수시로 들려오지만 그에 대한 진압, 그리고 선전과 검열도 더욱 강화된다. 음모론자! 알지도 못하는 주제에 떠들기는! 강자들은 소수의 이탈자만 발생해도 분노로 치를 떨며 해고, 제명, 명예 훼손, 구금 등과 같은 방법으로 처절하게 응징한다. 반대파를 복종시키기 위해서는, 가짜 민주주의 사회가 독재 체제와의 거리를 점점 좁혀 나가는 기술을 쓴다. 자발적 예속을 신봉하는 이들은 그런 게 옳고 당연한 줄 안다. 그리고 나머지 사람들은 정도의 차이는 있으나 결국 신중함을 배우게 된다.

하지만 이러한 논리를 끝까지 밀고 나갈 때 세상이 어떻게 될지 의문을 품어 본다면? 정상normalité이라는 환상이 현실로 구현된다면? 이 사람이나 저 사람이나 비슷비슷하고 모두가 정상 기준에 부합한다면 도대체 인생은 어떻게 될까? 모두가 자기 자리에서 벗어나지 않고, 그에 맞는 형세를 취하며, 능히 받아들여질 만한, 다시 말해 기대에 부응하는 대사나 읊고 산다면? 예측 불가능한 일도, 미칠 듯한 감정도, 창의성도 없을 것이다. 뻔하고 기운 빠지는 세상 아니겠는가. 모두가 제복 혹은 그에 준하는 옷차림을 갖추고 많이 본 듯한 머리 모양을 하고 규범과 유행을 추종하고 로봇처럼 행동할 것이다. 모두가 같은 생각을 한다는 건 더 나쁘다. 우리는 계산대에서 얌전하게 줄 서는 소비지상주의자들이 될 것인가? 정말로 그런 세상에서 살고 싶은가?

실제로 규격화는 경탄을 죽인다. 규격에 맞춰진 존재는 기존의 사고방식과 편견을 학습하고 여론의 거대한 힘에 무분별하게 휩쓸리게 마련이다. 결국 그런 사람은 경탄할 만한 것에 대하여 무감각해지고 아무런 관심을 쏟지 않게 된다. 반대로, 충격받고 분개해야 할 것에 대해서는 둔감해진다. 표준화에는 그 밖에도 다른 역효과들이 있다. 연령별 학급 편성도 그 한 예다. 동갑내기들만 한 반에 모아 놓으면 다양한 연령대가 공존하면서 나눌 수 있는 즐거움이 사라진다. 고학년 아이들은 저학년 동생들을 대하면서 친절, 인내, 관용을 기를 수 있다. 동생들은 자기보다 조금 더 큰 형이나 언니에게 배우고 그들을 성장의 본보기로 삼을 수 있다. 그런데 모두가 거의 동일선상에 있기를 바라는 교육 시스템에서는 상호적 배움이 없고 경쟁과 질시가 난무한다. 아이들은 자기네들의 코드를 따르지 않는 아이를 배척하는 법부터 배우고 그러한 배척 행위에서 자기가 살아 있음을 느낀다.

이러한 교육 방식이 어떤 어른들을 길러냈는지 보라. 사람 냄새가 별로 나지 않는 사람들……. 장애가 있는 아이를 키우는 한 어머니가 토론회에서 이런 말을 했다. "어린이집에 아들을 데리러 갔는데 애가 통곡을 하더라고요. 그날 생일 파티가 있었는데 자기만 초대를 못 받았다는 거예요. 우리 애는 휠체어를 타요. 초대를 못 받은 이유는 그것뿐이에요. 네 살짜리 애한테 제가 뭐라고 설명하겠어요? 어쩌면 그렇게 못돼먹었을까요? 우리 애가 이런 따돌림에 그냥 익숙해져야 하는 거예요? 그런가요?"

하지만 이제 노모패시도 일종의 정신질환으로 보기 시작했다. 노모패스는—사이코패스, 소시오스패스와 마찬가지로—정신적으로 문제가 있다. 그들은 내면의 삶을 부인하고 사회적 차원에서 인정받는다는 목표 하나만 보고 산다. 알맹이 없는 피상적 태도, 무의미한 모방에 전념한다. 그러다가 자기 자신조차 대상화 혹은 사물화한다. 언젠가는 고질적 불만족과 내면의 (객관적인) 공허감이 닥칠 것이다. 노모패스는 자신의 유일성, 남들과 다르게 살 권리를 되찾고 정상에 대한 집착만큼 비정상적인 것이 없음을 이해해야 치유될 수 있다.

생명에는 생물다양성이 있고, 인류에게는 신경다양성이 있다. 정신적 과잉 활동인들이 있어서 얼마나 다행인가.

그들의 실수는 깨달음을 주고 그들의 엉뚱한 말과 행동은 숨통을 틔워 준다! 이제 사람들은 이해하기 시작했다. 나무 한 그루에 병이 들면 다른 나무들도 한꺼번에 다 병 드는 대규모 단일림보다 혼합림이 더 오래 가고 생산적이라는 것을. 성장 조건이 각기 다른 수종들을 한데 심으면, 가령 활엽수와 침엽수를 함께 심으면 어느 한 종이 다른 종을 보호하는 기적이 일어난다. 소나무 수액에 꼬이는 애벌레가 자작나무 냄새에 도망간다. 같은 원리에서 퍼머컬처 permaculture(지속 가능한 농업을 뜻하는 신조어로, 생태계에서 관찰되는 원리와 주기에 따라 토지를 관리하고 농업을 경영하는 방식을 뜻한다—옮긴이)도 놀라운 생산성을 보인다. 언젠가는 사람들 사이의 비전형성이나 이른바 '사회적 소수'도 그렇게 긍정적으로 받아들여지기를 바란다. 장기적 목표는 배중률을 벗어 던지고 생물다양성과 신경다양성으로 돌아가는 것이다. 뜻이 있으면 길이 있다.

나는 부가적 존재를 높이 평가하고 그 다양한 층위를 구분 없이 받아들이는 이곳에서 내 나라를 찾는다.
정체성 쪼개기가 사라지는 이곳에서 내 나라를 찾는다.

대서양의 품에서 합쳐진 보랏빛 잉크가 열광과 애정을,

삶의 치열함과 삶의 즐거움을 함께 말하는 이곳에서

내 나라를 찾는다. 나는 백지에서 나의 영토를 찾는다.

가방에 든 한 권의 공책, 그것만 있으면

내 짐을 어디에 내려놓든 그곳이 나의 집이다.

ㅡ파투 디옴[5]

✕

◆

✕

우리는 앞에서 사람들을 통합하는 과정이 사회 안정, 다시 말해 평화와 안전을 목표로 한다는 것을 보았다. 형세는 타인을 대할 때 나의 입장을 빠르게 파악하고 행동 방식을 정할 수 있게 해 준다. 공모가 관계를 만든다. 상대가 나의 코드를 존중한다면 그 사람은 내 세계에 속해 있을 수 있다. 우리는 이러한 맥락 안에서 예상되는 말을 주고받으며 안전하게 사회화될 수 있다. 얼마나 마음 놓이는 일인가! 하지만 정신적 과잉 활동인이 예고도 없이 불쑥 무대에 난입하지 말란 법은 없다. 그렇다, 정신적 과잉 활동인은 개밥에 도토리 같다고 할 수 있을 것이다.

내담자 로맹의 사례를 보자. 로맹은 새 차를 사려고 주거래 은행 지점에 대출 상담을 하러 갔다. 못 보던 여성 직원이 상담을 맡았는데 그녀의 책상 위에 놓여 있는 사막 사진이 눈에 띄었다. 로맹은 그냥 호기심으로 무슨 사막이냐고 질문을 던졌다. 은행 직원은 고비 사막 사진이라고, 자기는 트레킹을 무척 즐기는데 특히 사막이나 야생의 자연을 걷는 걸 좋아한다고 대답했다. 로맹도 여행과 모험이라면 누구에게도 뒤지지 않는 사람이었다. 그들은 어디 어디를 가 봤는지, 여행에서 어떤 느낌을 받고 어떤 일을 경험했는지 얘기를 나누었다. 두 사람의 대화는 활기차고 유쾌했다. 그러다 차츰 그들이 이루고 싶은 꿈이 일치한다는 것을 알게 됐다. 둘 다 시베리아에 가서 샤먼을 직접 만나 볼 생각이 있었던 것이다. 로맹은 이미 내년 여름에 다른 친구 몇 명과 함께 그 꿈을 실현할 계획을 세워 두었다. 그래서 자연스럽게 그 은행 직원에게 함께 가자고 제안을 했다.

자기 생각에만 충실한 정신적 과잉 활동인은 이 상황에서 매력적이고 호감 가는 은행 직원이 기쁘게 그 제안을 수락하고 로맹의 무리와 함께 근사한 여행을 하겠거니 생각한다. 두 사람이 한 시간 전까지만 해도 서로 모르는 사이였고 아무리 마음이 통할지언정 다른 정보 없이 결정을 내리기는 힘들다는 생각은 하지 않는다. 인생은 원래 놀라운 일의 연속이잖아! 마법 같은 인생을 살아야지, 마음 내키는 대로, 생각한 대로, 미친 짓도 해 가면서. 여행을 좋아하고 정신적으로 열려 있으니까 그렇게 짜릿한 순간을 살 기회도 오는 거야! 여러분이 낭만적인 사람이라면 벌써 그 둘이 사랑에 빠질 거라고 상상할지도 모른다. 하지만 그런 일은 쉽게 일어나지 않는다. 우리는 영화 속에서 사는 게 아니다. 실제 삶에서 그런 제안을 했다가는 선 넘는 사람으로 취급받기 십상이다. 게다가 가만히 생각해 보면 여러분이 겪는 골치 아픈 일들도 대부분 이렇게 초기 범위에서 벗어나 버린 상황에서 일어나지 않았는가? 초기 범위? 무슨 범위? 그래, 벌써 잊었을 수도 있다. 로맹이 은행에 방문한 목적은 신차 구입을 위한 대출 상담이었다는 것을.

슬로프 밖은 위험하다

여러분이 내 앞에서 이야기할 때 보면 자신이 어떤 수렁에 자기 발로 걸어 들어가는지 짐작도 못 하는 것 같다.

하여간, 골치 아픈 일을 만드는 기술 하나는 완벽하다! 필터도 없고 보호막도 없고 정해 놓은 선도 없고 모든 선택지가 열려 있다. 어떤 결론이 나야 하는지 모른 채 대화를 시작하고, 대화가 흘러가면 애초에 왜 만났는지를 잊는 것이 정신적 과잉 활동인의 주특기다. 문제는, 이런 대화에 손발이 잘 맞는 상대는 심리 조종자인 데다가 무슨 짓이든 할 수 있는 인간일 확률이 높다는 것이다. 그렇기 때문에 여러분에게는 심리 조종자가 잘 꼬인다. 그들만 여러분이 여지를 줄 때 달려든다. 제대로 된 사람이면 만난 지 한 시간밖에 안 된 사람과 시베리아 여행을 가겠다고 하지 않는다. 물론 그런 사람이 먼저 여행을 함께 가자고 말할 리는 더욱더 없다. 그렇게 조심성도 없고 분별력도 없는 태도가 어떻게 정당화되겠는가? 주어진 범위 밖은 위험 천지다. 여러분이 바로 서지 않으면 마법도 효과가 없다. 신경전형인의 코드를 이해하고 적용할 줄 모르는 여러분은 언제나 '프리스타일'이다. 여러분은 가능성의 바다에서 헤엄치지만 그 바다에는 상어들이 득시글댄다.

여러분은 집단의 이야기가 편협하다고 느끼기 때문에 그 안에 잘 편입될 수 없었다. 그래서 가이드, 지도, 나침

반도 없이 혼자서 육감에 의존해 관계 속을 떠돌아다녔다. 하지만 그 육감이라는 것도 여러분이 암묵적인 것을 잘 이해하지 못하기 때문에 흐려지기 일쑤였다. 여러분은 일반적 사고의 코드 밖, 그러니까 혼돈의 땅에서 한없이 떠돈다. 내가 또 선을 넘었나? 지금 분위기를 잘 맞추고 있는건가? 연기해야 할 작품을 몰라서 늘 즉흥 연기 중인데 분위기를 어찌 알겠는가? 필터 없이, 코드 없이, 보호막 없이, 준비 없이 인간관계에 접근하는 것은 심히 불안하고 잠재적으로도 위험하다.

정신적 과잉 활동인들은 선을 정해 놓지 못했기 때문에 소 잃고 외양간 고치기에 나서든가 일종의 극단주의에 빠지고 만다. 타인에게 초점을 맞추고 타인의 관점에서 하는 말에 귀를 기울이기 때문에 너무 일찍 원칙적 동의를 표해 버리고 이제 너무 깊이 들어와서 물러날 수 없다고 생각한다. 그래서 여러분은 의사소통에서 항상 불편함을 느낀다. 너무 많이 말하고 너무 많이 보여 줬다는 불편함, 수치심, 이상한 혐오감이 늘 따라다닌다. 그럴 때나 비로소 자기가 위반을 저질렀다는 것을 깨닫지만 언제부터 뭐가 잘못됐는지는 모른다. 정신적 과잉 활동인들은 관계를 '경험 이후

추론을 통해서' 애매하고 혼란스럽고 해로운 것으로 파악한다. 하지만 달리 어떻게 할 수 있을까? 타인의 사생활에 어느 선까지 개입해도 되는 걸까? 틀, 형세, 공모가 없는 소통을 통해 정신적 과잉 활동인들은 위험에 맨몸으로 노출된다. 상처받는 데 지쳐서 낙심하고 급기야 사람들을 피하기에 이르는데, 그러면 또 그런다고 욕을 먹을 것이다. 하지만 누군가가 이런 걸 일일이 설명하고 여러분 스스로를 보호할 방법을 알려 주던가?

솔직함과 진정성은 다르다

여러분이 일반 사고인에게 배워야 할 부분은 바로 상호작용의 틀을 잡아 두는 능력이다. 물론, 일반 사고의 틀은 여러분에게 잘 맞지 않는다. 하지만 자신의 필요에 맞고 자신의 윤리에 걸맞은 구조와 조치를 만들지 말란 법은 없다. 여러분은 안전한 인간관계를 누릴 권리가 있다. 솔직히 말해 보라, 여러분도 무슨 말을 누구에게 해야 하는지 알고, 어떤 상황에서 어떻게 행동해야 하는지 알았으면 좋겠다고! 이제 스스로 그 꿈을 허락해야 할 것이다. 다음 내용을 읽으면 여러분의 망설임이 되살아날 테니까.

여러분도 인정할 것이다. "사회화되고 싶지 않은 게 아니에요. 사회적 규칙에 대한 약간의 단서들만 가지고 인간관계를 맺고 유지하기는 너무 힘들다고요!" 하지만 사회의 코드를 차차 알아가면서 당황스러운 감정은 되레 환멸로 변한다. 여러분은 그 코드의 숨겨진 논리를 이해하지 못하기 때문에 거부감이 폭발한다. "이건 위선이야! 나는 놀아나지 않겠어! 의미 있는 말을 하지 않기 위해 하는 말, 나는 그런 거 관심 없어! 나는 나로 살기로 했어! 솔직한 나로 살 테야!" 그래, 솔직함에 대해서 말해 보자. 그게 여러분이 경험하는 모든 실망의 화근이다.

여러분은 솔직함과 진정성을 혼동하고 있다. 하지만 솔직하다는 게 곧 진정성이 있다는 뜻은 아니다. 이 두 개념은 사실상 대립한다고 해도 과언이 아니다. 여러분이 솔직함만 고집하면서 얼마나 목표를 착각하는지 잠시 설명해 보겠다. 솔직해지려면 거의 '반사적으로' 발끈하고 조금도 물러서지 않아야 한다. 매사를 내 생각의 범위 안에서 충동적이고 감정적으로 처리하게 된다. 그렇게 되면 나의 반응은 내 의지로 조절되지 않는 거의 무의식적인 것으로 늘 한결같을 것이다. 스위치를 열 번 누르면 열 번 다 같은 반응이 나온다. 솔직하다는 것은 이미 프로그래밍된 자동성에 충실하다는 뜻이니까. 심리 조종자들에게는 넝쿨째 굴러들어 온 호박이다. 그들은 어떤 버튼을 누르면 여러분이 확 돌아 버리는지 알아내서 그걸 반드시 이용해 먹는다. 이제 솔직함에 어떤 문제가 따르는지 슬슬 알 것 같은가? 솔직함에 집착하는 이들은 말과 행동에 신중을 기하는 자세를 타산적이라고 나쁘게만 본다. 하지만 그렇지 않다. 진정성은 감정적으로 구는 것이 아니라 자신의 가치관에 어긋나지 않게 의식과 마음을 담아 행동하는 것이다. 진정성은 우리의 상호 작용에 주의력과 의도를 더한다. 이게 그 두 개념이 얼마나 다른지 알겠는가? 솔직함에서 한 발 물러설 때 진정성으로 한 발 더 나아간다.

"목적 없는 소통은 행선지 없는 여행이다." 이것이 신경 언어 프로그래밍의 기본 원칙 중 하나다.[1] 의식적 소통은 위선적이거나 타산적이지 않다. 그러한 소통은 당사자들 사이의 상호 작용이 최대한 원만하게 일어나기를 바란다. 또한 보호받을 권리를 자기 자신에게 부여한다. 심리 조종자들 역시 규칙과 이야기 밖에서 돌아다닌다. 여러분이 먼저 개인적 틀을 부여하면 심리 조종자들이 꼬일 위험이 없다. 머나먼 고장에 갈 때는 토착민들에게 실례가 되지 않도록 그 땅의 풍습을 미리 알아보고 존중하는 것이 당연하다. 나와 같은 사회에서 살아가는 사람들에 대해서도 비슷한 노력을 기울여야 한다. 인디언 속담에도 있듯이 그들을 판단하는 대신 "그들의 모카신을 신고 두 개의 달을 걸어 보라."

틀을 어떻게 세울 것인가

관계의 틀을 자신을 옥죄는 굴레나 칸막이로 여기지 말고 자신을 곧게 세우고 구조를 잡아 주는 뼈대 혹은 골조로 삼아라. 그 틀을 나에게 딱 맞는 외골격 슈트처럼 유연하면서도 단단하게 구성하라. 혹은, 신형 자동차에서 발견하게 되는 새로운 장치들 비슷하게 생각하라. 후방 카메라, 충돌 방지 보조 장치, 경로 조절 장치, 전자 주행 안전장치……. 에어백과 응급 전화 시스템도 빼놓을 수 없다. 이

것들은 모두 운전자의 안전을 보조한다.

진정한 나만의 행동 수칙

여러분은 직업인으로서 '업무상 비밀'이나 비밀 유지 조항을 누군가가 물어보더라도 절대로 대답하지 않을 것이다. 회사명이 표시된 옷을 입거나 배지를 달고 일할 때는 업무용 차량을 신사적으로 운전하고 고객을 정중하게 대할 것이다. 개인으로서도 한번 그렇게 해 보기를 권한다. 무슨 말이냐 하면, 나 자신을 나의 대변인 혹은 홍보 담당으로 채용해 보는 것이다. 나의 이미지와 청렴성을 보호하기 위해 아주 상세한 업무 노트를 만들어 보라.

개인적 규칙과 금지들을 의식적으로 떠올려 보는 것부터 시작하라. 하나하나 냉정하게 돌아보고 여러분이 가장 자주 하는 실수들을 고려하여 그 원인으로 거슬러 올라가 보라. 가령, "모르는 사람 앞에서 개인적 이야기를 하지 않는다"라는 규칙을 세웠다고 치자. 이제 나의 사생활을 비밀 유지 조항으로 보호하는 것이다. 그러자면 연습해야 할 것이 아주 많다. 질문을 받아도 전부 대답하지는 않기, 자기 이야기를 하는 척하면서 정말로 사적인 부분은 언급하지 않기, 주제를 얼른 바꾸거나 역으로 질문을 던져서 대화를 원하는 방향으로 끌고 나가기…….

그 밖에도 이런 예들이 있다.

- 일로 만난 사람에게 사적인 제안을 하지 않는다.
- 모르는 사람에게 (밑줄과 메모가 잔뜩 들어간) 내 책을 빌려주지 않는다.
- 누군가를 신뢰하기로 마음먹기 전까지 적어도 세 번은 만나 본다.
- 인테리어 공사를 하거나 거액의 구매를 할 때는 적어도 세 군데에서 견적을 뽑아 본다.
- 서두르지 않는다. 충분한 시간을 두고 가능성들을 검토한다. 수락할 때는 적어도 48시간 동안 혼자 생각해 본다. 다른 사람을 기다리게 했을지라도 나에겐 거절할 권리가 있음을 기억한다.
- 수시로 나의 마음, 나의 영혼에게 물어본다. '넌 어때? 이게 맞아?'

대화를 꼼꼼히 준비하라

여러분은 이 분야의 초심자이기 때문에 상대와 나누게 될 대화를 거의 전부 꼼꼼하게 준비하는 습관을 들이고 스스로를 잘 제어해야 한다. 틀 밖으로 벗어나지 않도록 목표를 분명히 정하라. 그러려면 상대에 대해서, 그의 직장에 대해서, 함께 의논할 주제에 대해서 미리 알아 두어야 한다. 스스로 캔버스를 준비하라. 왜 서로 보는 사이가 됐나? 무슨 얘기를 하기로 했나? 이번 만남의 목적은 무엇인가? 어떤 부분으로 엇나가면 안 되는지 정해 두라. 너무 친근하게 굴지 않기, 사적인 제안 하지 않기, 책 빌려주지 않기, 링크 보내지 않기, 사생활은 물론 여름 휴가 얘기도 일절 하지 않기. 업무상 처음 만나는 자리에선 아무것도 하면 안 된다. 두 번째 만남도 안 된다. 상대와 친구가 되고 싶다면 오래오래 두고 보면 그렇게 될 것이다. 앞선 일화에서 로맹은 대출 상담에 집중하고 은행 직원에게 느끼는 호감은 머릿속에 남겨 두었어야 했다. 만남을 끝내고 나서는 자기 자신을 판단하지 말고 종합 평가를 하면서 어떤 점을 고쳐야 할지, 다음에는 어떤 면에 좀 더 신경을 써야 할지 생각해 보라.

제어창을 설치하라

타인을 이해한다는 것은 그에게 나의 사고방식을 적용하는 것이 아니다. '내가 그 사람 입장이라면 ~를 할 거야'는 통하지 않는다. 그 사람보다 내가 문제 해결 방법을 더 잘 아느냐는 중요하지 않다. 그보다는 그의 관점에서 상황을 바라보려고 노력해야 한다. 그런데 암묵적인 것들이 없으면 그게 쉽지가 않다. 나는 여러분이 경청과 감정이입 능력이 그렇게 뛰어난데도 형세를 도무지 이해하지 못한다는 사실이 더 이상하다. 하지만 이제 기저의 논리를 이해했으니 잘해 나갈 수 있을 것이다.

감정 이입은 고통을 겪는 사람을 이해하고 돕는 데 쓰일 수 있다. 여러분은 그런 역할을 아주 잘한다. 또한 적의 활동 방식을 파악하고 무력화하는 데 쓰일 수도 있다. 좀 더 밀착해 들여다보자면, 우리는 복종하거나 과적응할 때가 아니면 거의 늘 협상을 하는 중이다. 여러분이 협상 능력을 키우려 들면 아주 재미있을 것이다. 기억하라, 인생은 거대한 모노폴리 판이다! 아니, 이 경우는 포커에 더 가까울지도 모른다. 그러니 '포커페이스'에서 귀중한 단서를 배우고 따라하라. 여러분은 미미한 신호들을 포착하는 전문가가 되어야 한다. 그 신호들이 대화 상대의 열의가 식는 것을, 그가 여러분의 주장에 마음을 닫는 순간을, 혹은 그가 대화를 너무 오래 끌었다고 판단하는 시점을 알려 줄 것이다. 상대가 손목시계를 본다. "본론을 말하세요"라는 말을 세 번째 한다. 자리에서 일어나 문을 가리킨다. 무엇보다, 집요하게 굴어선 안 된다. 나는 전반적으로 여러분이 대화를 짧게 하는 법을 익혀야 한다고 생각한다. 그렇게만 해도 여러분의 괴로움은 덜할 것이고, 사람과의 만남에서 절망할 일도 줄어들 것이다. 그리고 언제 어떻게 했더니 대화가 원만하게 풀리더라는 것도 기억해 두는 것이 좋다. 이때도 이미 목표를 달성한 셈이니 더 이상 끌 필요는 없다.

말은 날아가고 글은 남는다. 글은 여러분이 마음을 내려놓고 불순물을 가라앉힐 수 있는 공간이다. 메일이나 편지를 보내기 전에 충분히 시간을 들여 작성하라. 마지막으로 주의 깊게 다시 읽으면서 내용이 사실에 입각해 있는지 (누가-언제-어디서-무엇을-어떻게-왜), 주관적으로 치우친 내용은 없는지 확인하라. 편지를 받을 사람의 입장에 서 보

라. 그 사람이 이걸 읽고 어떻게 받아들일까? 사전에 스스로 이 질문을 떠올려야 한다. '나는 상대가 이 편지에 어떻게 반응하길 바라는가?' 한 연구에 따르면 이메일을 통한 소통은 다른 표현 형식과 꽤 큰 차이가 있다고 한다. 이메일에서는 긍정적 내용도 중립적 내용으로 받아들여지고, 중립적 내용은 부정적 내용으로 받아들여지며, 부정적 내용은 아주 폭력적으로 받아들여진다나. 아무리 lol(lots of laughs)을 붙여도 온라인상에서 빈정거림은 더 신랄해지고 유머는 더 힘이 빠지는가 보다. 그러니 메일을 보낼 때는 간략하게, 사실만을, 긍정적 메시지와 함께 보내라. 필요하다면 중요한 메일은 다른 친구에게 한 번 읽어 보게 해도 좋겠다.

예의범절의 코드를 존중하라

SNS에서 멋진 문장을 하나 발견했다. "재치는 여러분의 입에서 나오는 문장이 좀 더 부드러워지도록 엉덩이에 발라 주는 분粉이다."

사회적 코드가 '우스꽝스럽고' '위선적이며' '부조리하게' 보일지라도 존중한다는 것은 곧 타인을 존중한다는 것을 뜻한다. 관계 속에서 타인을 불안하게 하거나, 들이받거나, 욕보이지 않는다는 뜻이다. 사회적 코드를 존중한다는 것은 실수할 위험이 제한된 안전한 장을 여러분 자신에게 마련해 준다는 뜻이기도 하다. 아무렴, 인사치레로 주고받는 말은 쓸데없거나 성가시지 않다. 그런 말은 관계의 매끄러운 작동을 돕는 윤활유나 다름없다. 그런 말이 서로를 사물화할 위험을 덜어 준다. 으레 주고받는 인사 한마디 없이 용건만 다짜고짜 들이민다고 생각해 보라. "그때 말한 그 건 말이야. 나에게 넘겨줄래?" 그런 태도는 진실이나 진정성과 상관없다. 그냥 더 삭막한 화법일 뿐이다. 감정은 자제하되 예의는 더 확실히 지켜라. 대부분의 상호 작용은 편안하고 기분 좋게 서로 협력할 수 있으면 그걸로 충분하다. 더도 덜도 필요 없이.

친밀한 사람들과 그 밖의 사람들

힘들지 않고 매끄러운 인간관계를 원한다면 나와 인간적으로 친밀한 사람들과 나의 사회 조직을 구성하는 사람들을 구분할 줄 알아야 한다.

명심하라. 아무 때나, 아무하고 당장 친밀한 관계가 될 수는 없다.

여러분과 친밀한 사이가 되려면 그럴 만한 자격이 있어야 한다. 다른 한편으로, 여러분은 자신과 정말로 친밀한 사람에게 특별 대우를 누릴 권리를 주어야 한다. 친밀함이란 멋진 극장에 오페라 공연을 보러 가는 것과 같다. 특별하게 차려입어야 귀한 시간이 더욱 특별해진다. 친밀함을 공유하는 관계는 일반적 기준에서 벗어나 있어야 한다. 상대가 나를 다른 사람들과 똑같이 대한다면 어떻게 내가 그 사람과 친밀하다고 생각할 수 있겠는가? 그리고 여러분이 꼭 알아야 할 것이 있다. 여러분과 소통하는 사람들 가운데 대다수는 여러분에게 친밀함을 원하는 게 아니다. 그들은 자기 나름대로 어울려 지내는 무리가 있고 그걸로 만족한다. 여러분이 선을 넘어오는 게 그들은 불편하다. 거리를 유지하라. 그렇다, 나는 여러분이 좀 더 냉정하게 거리를 두기를, 관계에 '애정을 덜 쏟기를' 바란다. 모든 것에는 때가 있다. 친밀함은 나와 정말로 가까운 사람들, 내가 애정을 쏟을 가치가 있는 사람들에게로 한정하라. 그 외에는 내가 속한 사회 조직을 구성하는 사람들일 뿐이다. 그들은 여러분의 예의 어린 태도, 존중, 성의를 누릴 자격이 있다. 그러나 여러분의 계제에 맞지 않는 행동, 너무 깊이 관여하는 행동은 푸대접당할 위험이 있으니 삼가는 것이 좋다.

　이제 여러분은 인터넷 유머로 떠도는 다음 대화를 제대로 해독할 수 있을 것이다. 치즈를 즉석에서 잘라 파는 마트 매대에서 일어난 일이다.

> 손님: 이 맷돌만 한 치즈 덩어리를 옮기는 것도 보통 일은
> 　　　아니겠어요.
> 점원: 맞아요, 그래서 등에 지게 같은 걸 지고 허리띠를
> 　　　차서 옮겨요. 다행히 저는 오늘 그냥 도와주러 온
> 　　　거예요.
> 손님: (점원의 처지에 감정 이입해서) 사람 상대하는 것도
> 　　　힘든데 그런 부분도 힘드시겠네요.
> 점원: 아니에요. 어떤 치즈를 원하는지 말씀하시면 바로
> 　　　가져다드리죠.

손님은 이 대화를 두고 생각했다. '뭐야, 이 점원은 내가

호의 어린 관심을 기울이는 걸 모르나? 내가 빨리 딴 데 가 줬으면 하나?'

너그럽고 온정 넘치는 대화의 시도는 어긋났다.

여러분은 어떻게 생각하는가? 물론, 치즈를 좋아하고 정겨운 대화를 사랑하는 손님이 실망하게 된 건 안타깝다. 하지만 여러분이 지금까지 배운 내용을 참고할 때, 과연 친밀한 대화를 나누기에 적합한 시간, 장소, 상대였다고 할 수 있나? 모든 것에는 때가 있다. 치즈를 살 때, 수다를 떨 때, 친구를 사귈 때. 어떻게 사람을 책이나 CD 정리하듯 딱딱 나눠서 상대할 수 있느냐고 반박할 거라는 걸 안다. 하지만 뭐가 어디 있는지 알면 훨씬 찾기 쉽다. 틀과 형세를 알면 시간이 절약되고 인생이 편해진다.

내가 기대하는 것을 상대에게 해 주자

친밀함의 틀 안에 있다고 해서 일이 더 쉽지만은 않다. 정신적 과잉 활동인과 일반 사고인은 사랑을 거의 상반된 방식으로 정의한다고 말할 수 있다. 정신적 과잉 활동인이 생각하는 사랑은 함께 성장하고 발전하는 것, 더 나은 사람이 되기 위해 함께 변해가는 것이다. 멋지지 않은가? 두

개의 헬륨 풍선이 앞서거니 뒤서거니 하면서 함께 하늘 높이 올라간다. 일반 사고인이 생각하는 사랑은 좀 더 현실적이다. 상대를 바꾸려 들지 않고 있는 그대로 받아들이는 것이다. 이러한 접근에는 깊이 우러나는 관용과 무조건적 수용이 있다. 일반 사고인은 여러분을 사랑하면 여러분에게 적응하려고 노력한다. 장점은 좋게 보고 단점은 참는다. 그렇지만 자신이 상대에게 마련해 놓은 범위에서 상대가 벗어나는 건 싫어한다. 반면, 여러분은 그 사람이 여러분의 변화를 인정하지 않아서 불만스럽다. 사실, 사랑의 두 모습 다 좋다. 그 둘을 적당히 절충해서 가장 좋은 버전을 취하기 위해 노력해 보라. 상대를 바꾸려고 애쓰지 않되 서로의 변화에 유연하게 발맞춰 간다면 얼마나 좋겠는가.

사랑뿐만 아니라 우정에 대해서도 여러분은 지나치게 요구가 많다. 아니, 더 정확히 말하자면 비현실적인 수준으로 과하게 요구가 많다. 여러분은 관심사를 공유할 친구나 파트너가 없다고 하소연하지만 가만히 얘기를 듣다 보면 쌍둥이나 클론이 필요한 게 아닌가 싶다. 다른 사람들과의 차이가 여러분의 체질적 외로움을 떠올리게 하기 때문일까? 그렇다, 여러분은 언제나 홀로 자기 머릿속 사유의 왕국을 다스릴 것이다. 그렇지만 취미와 흥미를 공유할 사람을 찾는 정도라면 운동이나 문화생활을 즐기는 동아리나 단체에 가입하면 된다. 우정은 그런 것과 별개다.

스스로 이렇게 질문해 보라. 나는 친구에게 무엇을 기대하는가? 경청, 위안, 신뢰, 따뜻한 미소, 좋은 시간 함께하기, 그리고 무엇보다, 필요로 할 때 옆에 있어 주기. 이런 게 보편적인 답이다. 여러분도 친구라면 그렇게 해 주어야 한다. 나는 그런 친구인가? 친구의 말을 경청하고 위로해 주는가? 친구가 필요로 할 때 옆에 있어 주는가?

배우자에 대해서도 같은 질문을 던져 보라. 내가 이 관계에서 기대하는 것은 무엇인가? 떠오르는 생각을 잘 적어 보고 배우자 때문에 속상할 때 다시 들춰 보라.

친밀함의 틀을 금세 메우지 말자

집단의 이야기가 타격을 입는 위기가 발생하면 정신적 과잉 활동인들은 드디어 세상이 변하겠구나 하며 희망을 품는다. '이제 다들 알게 되겠지, 다들 정신 차릴 거야.' 하지만 그 희망은 금세 무너질 것이다. 일반 사고인들은 최대한 빨리 이전 상태로 돌아가기를 원한다. 어제의 세상으로 돌아갈 뿐이라니, 얼마나 실망스러운가!

개인 차원에서도 마찬가지다. 일반 사고인도 사적인 역경에 부딪히고 자기 개인의 이야기 속에서 길을 잃을 때가 있다. 일시적으로 의미의 상실에 괴로워하고 불안에 사로잡힐 것이다. 그럴 때 친밀함의 틈이 열리는데, 정신적 과잉 활동인은 그 틈으로 빨려 들어가곤 한다. 이때는 일반 사고인도 정신적 과잉 활동인의 경청과 감정이입이 고맙기 그지없다. 그는 이 교류에서 위안을 얻는다. 누구나 그렇듯 그는 무거운 짐을 내려놓고 안도하지만 상황은 오래가지 않는다. 일반 사고인은 과거의 균형을 되찾기를 바라기 때문에 자기 발로 일어설 때가 되면 다시 예전처럼 거리를 두거나 외려 더 멀어지기도 한다. 그동안 친밀한 관계로 발전했다고 믿었을 정신적 과잉 활동인은 극도로 상처받는다.

여러분이 나를 붙잡고 쓸쓸하게 털어놓은 게 한두 번인가. "회사 사람들은 뭔가 힘든 일이 있으면 꼭 저를 찾아와요. 하지만 이제 됐다 싶으면 바로 달아나 버리죠." 자, 이 사람에게 무슨 일이 일어났던 걸까? 일반 사고인은 속내를 털어놓는 것을 별로 좋아하지 않는다. 그런데도 그랬다는 건 정말로 힘들었다는 것이다. 여러분은 그때를 틈타 별의 별 얘기를 다 들었다. 이제 그 사람은 자기에 대해서 너무 많이 아는 여러분이 두렵다. 여러분이 지닌 일종의 산파술 때문에, 그리고 자신이 바닥까지 보여 줬다고 생각하기 때문에. 게다가 여러분은 이미 그에 대해서 많은 것을 아는데 더 알기 위해 그를 다시 속내를 털어놓는 사이로 돌려 놓으려 든다. 정신적 과잉 활동인들이 반갑다고 달려드는 즉각적 친밀함은 덧없는 것, 일반 사고인들이 거추장스러워하는 것이다. 그러니 다음에 이런 일이 있거든 좀 더 신중하고 편안하게 굴고 매달리지 말라. 상대에게 믿고 털어놔 줘서 고맙다고 말하고, 상대가 한 말은 두 사람만의 비밀로 남겨 두라. 그러면 상대는 안심하고 나중에 여러분과 마주쳐도 덜 거북해할 것이다.

자, 여러분의 인간관계를 분류하고 친밀함의 수준대로 배열해 보라. 가족이나 다름없는 사람들, 친구들, 직장 사람들, 고용주, 이웃들, 단골 식당이나 가게 사람들⋯⋯. 영업직에 대해서는 신중하게 생각해야 한다. 작정하고 살갑게 다가오는 그들을 새로 사귀게 된 친구라고 착각해선 안된다.

어쨌든 친밀한 관계들로만 일상을 영위하려고 들면 진이 빠진다. 그건 누구에게나, 정신적 과잉 활동인에게조차 버거운 일이다. 여러분이 너무 감정적으로 지치면 혼자 있고 싶어지는 이유도 그 때문이다.

찌릿찌릿 전류가 흐르는 관계만 관계인 것은 아니다. 밋밋하지만 평온한 휴식 같은 관계도 있다.

유혹의 영역

우리는 이제 대인 관계에 존재할 수 있는 가장 큰 오해를 다루어 볼까 한다. 그건 바로 연애의 첫 단추다. 여러분이 내게 상담받을 때 이야기한 상황 중에는 여러분 자신도 깨닫지 못한 유혹의 차원이 포함된 경우가 상당히 많았다. 때로는 나조차도 이 사람은 어떻게 생겨 먹었기에 그런 쪽으로 전혀 눈치를 못 챘을까 황당한 적도 있었다.

티보가 그런 경우였다. 그는 직장에서 어느 여자 동료와 두세 달 아주 가깝게 지냈다. 그런데 어느 날 갑자기 그녀가 말도 안 섞고 쌀쌀맞은 표정으로 일관했다. 티보는 무척 속이 상했다. 나는 뭔가 이상하다 싶어서 어쩌다 그렇게 된 거냐고 물었다. "아무 일도 없었어요. 제가 그 친구한테 얼마나 잘해 줬는데요!" 그건 예상한 바였다. 하지만 어떻게 잘해 줬다는 걸까? 티보는 그녀를 소소하게 챙겼다. 커피도 건네고, 밥도 사고, 작은 선물도 주곤 했다. 심지어 예쁜 하트 모양 초콜릿도 사줬단다. 그저 동료로서 좋아하는 마음에 챙겨 준 것이었다. 나는 티보에게 그 여자는 연애 감정을 느꼈을 거고 티보의 마음이 그렇지 않다는 걸 알고서 상처받았을 거라고 말해 주었다. 티보는 머리를 한 대 얻어맞은 사람처럼 얼떨떨해했다. "아니, 전 그 친구를 좋아해요. 그게 다예요!" 나는 속이 터졌다. "정신 차려요, 티보! 하트 모양 초콜릿을 선물 받으면 상대가 나를 이성으로 좋아하나보다 오해할 수 있어요." 티보는 겸연쩍어했다. "하지만 그 초콜릿 케이스가 예뻤단 말이에요. 그냥 예뻐서 샀어요." 나는 재차 말했다. "아무리 그래도 하트는 특별한 메시지잖아요?" 티보는 자기가 특별한 메시지를 보냈다는 자각이 없었다. "아뇨, 전 그런 마음으로 초콜릿을 선물한 게 아니었어요. 우린 친구였고, 그 초콜릿이 예뻤어요. 친구한테도 예쁜 걸 주고 싶잖아요."

티보의 예는 좀 희화적일지 모르지만 백 퍼센트 실화인 데다가 유일한 경우도 아니다. 또 다른 내담자 안은 납품업자 한 사람에게 자주 밥을 산다. 그가 "좋은 사람이어서"라는 이유를 들지만, 사실 안은 혼자 밥을 먹기가 싫어서 그랬던 것이다. 안도 티보와 똑같은 오해를 샀다. 그 납품업자는 어느 순간 그녀가 전화를 해도 받지 않았다. 안은 몇 번이나 그와 단둘이 밥을 먹는 자리를 만들어 놓고는 그 남자가 연애를 꿈꿀 거라고는 생각도 하지 않았다. 다른 일화도 있다. 파트리스는 어느 아름다운 여인에게 욕망을 주제로 삼은 시를 보내면서 자기가 '작업'을 걸었다고 생각하진 않았다. 그는 그 시에 꽃과 새가 등장한다는 것만 기억했다. 나는 이런 예를 끝도 없이 들 수 있다. 연애가 싹틀 때의 상호 작용은 암묵적인 신호들로 가득 차 있다. 여러분이 놓치기 쉬운 신호들 말이다. 연애는 여러분이 가장 위험에 처하기 쉬운 영역이기도 하다.

1장에서 나는 대화가 깊어지면 사생활 얘기가 나오고 예고 없이 사랑에 빠질 수도 있다고 말했다. 이때 시선도 중요한 역할을 한다. 연애를 거는 눈빛은 집요하고 깊이 파고드는 듯하다. 이걸 역방향으로 설명해 보겠다. 여러분의 눈빛은 '저 사람이 나에게 관심 있나?' 싶을 만큼 집요하고 깊이 파고드는 듯하다. 유혹할 속셈이 아니고서야 사람 눈을 지그시 한참 바라볼 일은 없다. 다음으로, 속내 이야기로 돌아오자. 옛날에 사귀었던 사람, 과거 연애사를 얘기하면 할수록 여러분은 대화 상대를 연애 영역으로 끌어들이게 된다. 여기에 친근하게 군답시고 할 수도 있는 행동, 특히 팔을 잡거나 어깨에 손을 올린다든가 하는 행동이 추가되면 신호는 더 확실해진다.

여러분은 내게 연애하는 법을 모르겠다고 하소연하곤 한다. 사실, 특별한 방법이란 건 없다. 여러분이 늘 하던 대로 하되 의식을 가지고, 의도적으로, 적절한 상황에서, 상대를 봐 가며 행동하기만 하면 된다.

여러분이 상대에게 관심이 없다면 골치 아픈 일이 생기지 않도록 당장 행동을 달리해야 한다. 입장을 분명히 하면 "저는 사적 만남에 관심 없습니다"라는 메시지를 상대가 오해할 리 없다. 연애에 볼 일 있는 사람은 딴 데 가서 상대를 찾아볼 것이다. 하지만 가끔은 좀 더 대놓고 상황을 정리해야 할 때도 있다. 그냥 "저는 따로 만나 뵐 생각이 없습니다"라고 말하면 그걸로 충분하다. 이런 말까지 듣고 나면 상대는 여러분을 무시할 것이다. 하지만 기억하라, 여러분이 입장을 분명히 하지 않으면 상대는 여러분이 여지를 줬다고 생각한다. 여러분이 먼저 잘못한 사람이 되는 것이다.

이제 프리스타일을 포기할 준비가 됐는가? 스스로를 다 잡고 사회적 코드를 존중하는 것이 필요해 보이지 않는가?

8장

오해와
이해 사이를
살아가는 법

×

◆

×

　나는 여러분과 여러분이 하는 행동이 일반 사고인의 세상에서 어떻게 지각되는지 보여 주는 게 좋겠다고 생각했다. 그래서 그 사안에 몰두했다. 정신적 과잉 활동인을 상대하는 일반 사고인의 입장이 되어 그가 어떻게 느낄지 이해하려고 노력했다. 영재성을 다룬 책과 논문 가운데 저자가 일반 사고인으로 짐작되는 것들을 특히 주의 깊게 읽었다. 나는 이 글을 쓰면서 'normopensant(일반 사고인)'를 'normopesant(규범의 무게가 있는)'로 잘못 썼다. 아, 실수란 얼마나 시사하는 바가 큰지!

　이 주제에 본격적으로 매달리기 전에는 나도 다른 정신적 과잉 활동인들처럼 긍정적 환상을 품었던 것 같다. '그래도' 일반 사고인들은 우리를 무척 좋아할 거라는 환상. 물론, 그들이 우리를 좀 골치 아파한다는 사실을 모르진 않았다. 그런 불편한 순간들을 겪어 봐서 잘 안다. 나도 한두 번 생각해 본 게 아니다. '아, 내가 실수했구나. 언제 어디서부터 잘못된 거지?' 이따금 그들이 우리를 참아 주려고 얼마나 애를 쓰는지 느껴지곤 했다. 참지 못하고 공격성을 드러내는 이들에 대해서는 '내가 우기지 말걸!'이라고 생각했다가 '아냐, 우기길 잘했어. 그냥 넘어갈 일이 아니었고 어차피 내 성격에 그냥 넘길 수도 없었어. 하지만 왜 저 사람은 내가 자기를 공격했다고 생각하는 거야?'라고 의아해하기도 했다. 차가운 침묵을 마주할 때면 이렇게 생각했다. '아, 입 다물고 조용히 넘어갈 수도 있었는데! 넌 도대체 언제 침묵하는 법을 배울래?' 간단히 말해, 나 또한 분위기를 못 맞추고 다른 사람들을 불편하게 했다고 느낀 적이 많았다. 하지만 나는 그런 껄끄러움이 서로를 이해하지 못해서 일어나는 일회성 해프닝이라고 생각했다. 일반 사고인들은 그다음에 만날 때 다시 '좋은 표정'을 지어 보였기 때문에 나는 그들이 더 이상 이전의 상황을 신경 쓰지 않는 줄 알았다. 심지어 그토록 너그럽게 다른 일로 넘어갈 수 있는 그들의 능력에 감탄했다.

그러다 이 문제를 좀 더 세밀히 들여다보면서 정신적 과잉 활동인이 그들을 얼마나 불편하게 하는지 깨달았다. 정신적 과잉 활동인은 죽음, 자유, 자율, 인생의 의미를 들먹거리면서 신나게 주절댄다. 대화를 나눌라치면 예상 밖의 대답으로 사람을 당황하게 한다. 일반 사고인들이 자랑스럽게 여기는 형세도 무시한다. 분위기를 맞출 줄 모른다. 대담하게 작업을 거는가 싶더니 자기는 그런 적이 없다고 잡아뗀다. 사람들과 자꾸 부딪친다. 말싸움을 좋아한다. 예상대로 움직이는 법이 없다. 꼬치꼬치 캐묻고 모든 질문에 깊이 있게 답변하기를 요구한다. 얼마나 영리한지는 모르지만 세상 모든 문제를 해결할 수 있다는 듯 말한다. 내 생각에, 이 정도면 아무리 인내심 강한 사람이라도 참아야 할 것이 너무 많다!

그리고 일반 사고인들에게는 수동적 공격성이 어느 정도 있다는 것을 알았다. 그들의 적개심은 예의범절이라는 허울에 가려져 있을 뿐 내가 느끼는 것보다 강하고 오래 간다. '영재성'이라는 주제로 넘어가면 그 허울은 쉽게 부서진다. 장폴 브리겔리[1]는 '머리 좋은 사람에 대한 혐오'

를 논하면서 이미 초등학교 때부터 똑똑한 아이들이 괴롭힘의 대상이 되곤 한다고 지적했다. 정신적 과잉 활동인이 자신의 특성에 대해서 일반 사고인에게 말해 보려고 하면 무시 속에 감춰진 살벌한 적의가 드러날 것이다. "헛소리 좀 하지 마! 그런 것도 미디어가 만들어 낸 유행이야! 상업적인 수작이라고!" 나 역시 사회적 코드를 해독하는 법에 대한 책을 쓴다고 말했다가 그런 적의를 맞닥뜨렸다. 일반 사고인들은 우리가 그들을 판단한다고 비판하는데 그들도 우리를 판단하면서 할 말은 아니다. 관용은 가변적이다.

나는 비판 정신이 병적으로 발달한 사람이다. 어쩌면 여러분도 알아차렸을 것이다. 그게 내 장점 아닌가? 그래서 책에서 본 정보라고 해서 곧이곧대로 믿지 않고 뒤를 캐보곤 한다. 저자의 의견이 누구와는 반대 입장인지, 저자가 말하고자 하는 바가 어떤 의미인지 깊이 생각해 본다. 어떤 책은 몇 번이나 다시 읽었다. 영재성[2]이라는 주제에 국한되지 않았고, 현실을 해독하기 위해 신경전형인과 신경비전형인의 기능 작용을 이해하고 설명하는 데 도움이 되는 사소한 정보는 물론, 신념, 클리셰, '원래' 그렇다고들 하는 것, 우리가 으레 사용하는 필터 등도 살펴보았다. 나는 행간을 읽는 습관을 들였다. 쓰여 있지 않은 것을 읽어 냈고, 텍스트를 완전히 거꾸로 읽어 내기도 했다. 예를 들면 이 문장이 그렇다. "이 아이들은 불의를 보아 넘기지 못하는 성향이 두드러졌다." 나는 이 문장을 보자마자 머릿속에 빨간불이 들어왔다. 왜 "이 아이들은 정의감이 투철하다"라고 쓰지 않았을까? 이 부정적인 뉘앙스는 뭐지? 은근히 흠을 잡고 마치 불의를 좀 더 잘 참아낼 수 있어야 한다고 말하는 것 같지 않은가? 혹자는 '피해망상'이라고 부를 수도 있을 이 사유 과정을 통해 나는 문제가 얼마나 광범위한지 발견했다. 특히 영재성을 다룬 책들에서 정신적 과잉 활동인들은 이상한 생각과 괴팍한 습속으로 반듯한 일반 사고인들의 세상 질서를 어지럽히는 존재들로 묘사되었다.

'정신적 과잉 활동'은 집단의 이야기에 들어와 있지 않기 때문에 공식적으로 설 자리가 없다. 그렇기 때문에 일반 사고인이나 정신적 과잉 활동인이나 이 특성을 명명하는 데 문제가 있다. 그래서 케케묵은 클리셰들이 세간에 통하는 것이다. 게다가 이 특성은 규준 혹은 다수와 비교되는 '차이' 정도로만 받아들여진다. 어떤 사람을 기준으로 두뇌가 더 발달했다고 할 수 있나? 어느 정도의 정신적 활동을 기준으로 과잉이라고 하는 건가? 신경전형이 어떤 것이기에 그걸 기준으로 신경비전형을 논하는가? 짐작하겠지만 비교당해 여러분이 좋을 일은 없다! 그런데 책 대부분이 그런 식이다. 전반적으로 수준 높은 인지 역량, 유의미하게 더 많은 신경 시냅스, 신경 정보 처리와 전달의 효율성, 요컨대 우월한 인지 능력은 인정해 주지만 나머지 문제점들을 열거하기에 급급하다. 나는 카를로스 티노코의 접근만은 연대적이라고 느꼈다.[3] 하지만 그의 저서 역시 다른 책들과 마찬가지로 '영재성' 개념에만 갇혀 있다는 점은 아쉽다. 그의 설명은 모든 신경비전형성에, 이를테면 자신을 '영재'로는 보지 않지만 일반 사고인들과는 다르다고 느끼는 사람들에게도 적용될 수 있을 것이다.

정신적 과잉 활동은 정신질환이다

내가 《나는 생각이 너무 많아》에서 정신적 과잉 활동인들에게 붙기 쉬운 온갖 병명을 비판했던 것처럼 카를로스 티노코도 '치료적' 접근을 고발한다. 그러한 의학적 접근은 전형적 두뇌 활동만 '건강한' 것이고 그러한 활동을 기준으로 영재성을 '탈선'처럼 조명하려는 태도를 기저에 두고 있다. "그로 인한 결과는 결코 가볍지 않다. 전형적 두뇌 활동은 결코 비판의 대상이 되지 않기 때문이다." 카를로스 티노코가 지적한 대로, 이런 접근 때문에 정신적 과잉 활동이 일종의 정신 이상처럼 치부되기 일쑤다.

하루는 아내 일로 근심이 많은 남자와 대화를 나누게 됐다. 그의 아내는 직장 내 괴롭힘에 시달리다가 그 스트레스로 심장 대사 기능에 문제가 생겨 정신 병원에 입원한 상태였다. 남자는 아내가 심리적으로 지배당한 원인의 실마리를 내 책 《나는 왜 그에게 휘둘리는가》에서 찾았다고 했다. 거기서 묘사하는 심리 조종자의 프로필이 아내의 못돼먹은 직장 상사와 완벽하게 일치한다나. 나는 그 아내를 돕고 싶은 마음에 나의 또 다른 책 《나는 생각이 너무 많아》를 권했다. 이후의 상황은 그녀가 직접 말해 줬다. 책을 들고 병원 복도를 지나가면 다른 '환자들'이 제목에 관심을 보이고 말을 걸 때가 많았다고 한다. 책 내용을 두고 열띤 토론을 벌인 적도 있었는데, 담당 의사가 아주 못마땅해했다나. 그녀는 빠르게 호전되었다. 상태가 좋아지는 데 내 책이 많은 도움이 됐다고 의사에게 말했지만 씨알도 안 먹히는 얘기였다. 그런데 며칠 후 내가 라디오 생방송에 나왔다. 마침 의사가 회진을 도는데 그녀를 비롯한 열다섯 명의 '정신병자들'이 무슨 예배라도 드리듯 경건하게 라디오를 듣고 있었다나! 의사는 나에게 점심이나 같이 먹으면서 얘기를 좀 하고 싶다고 했고 그렇게 몇 년간 우리는 협업 관계를 유지했다. 그는 정신과 전문의로서 법정에서 전문가 소견을 밝힐 때도 나의 작업을 적극적으로 활용했다. 나는 그 점을 영광스럽게 생각하고 그가 옹호했던 피해자들에게 도움이 되었다는 사실이 기쁘다. 그렇게 인간적이고 열려 있는 정신과 의사를 만나기는 쉽지 않다. 그는 정신과 학회에 나를 초청해서 강연 자리를 마련하고 싶어 했지만 그가 은퇴할 때까지 그런 일은 성사되지 않았다. 정신과 전문의 자격이 없는 사람을 정신과 학회 자리에 부른다는 생각은 그들에게 반감을 불러일으킬 뿐이었다.

그녀의 이야기를 듣고 나서 정신병원 입원 환자들이 왜 그렇게 내 책에 관심을 보였을까 곰곰이 생각해 보았다. 비슷한 일은 그 후로도 몇 번 더 있었다. "선생님 책을 읽고서 내가 미치지 않았다는 걸 알았어요!" 이렇게 이야기 해 준 독자가 얼마나 많았는지 모른다. 그렇다면 다브로프스키가 말하는 '긍정적 비통합'이 제대로 이해와 지지를 받지 못해서 정신병원까지 가게 된 경우가 얼마나 많을까? 갈등이나 균열 없이 매끄럽기만 한 생각이 정신적으로 건강한 게 맞나?

최근에 〈영재인가, 조현병인가: 정신과 의사들에게 쉽지 않은 구별〉이라는 기사를 읽었다.[4] 이 기사는 프랭지 Pringy(오트사부아)에서 조숙성을 전문으로 연구하는 심리학자 클레르 그랑Claire Grand의 작업에서 영감을 받은 것이다. 이 심리학자는 영재성을 인정받았거나 그렇게 짐작되는 성인들 가운데 조현병 진단을 받았던 사람이 얼마나 많은지 모른다고 말한다. 하지만 그들이 "여느 사람들보다 착란이 심하거나 편집적이지는 않다." 클레르 그랑은 이렇게 덧붙인다. "그들 중 상당수는 잘못된 진단의 피해자라고 보는 것이 마땅하다. 조현병이라는 진단을 안고 살아가는 것은 고통스럽고 두렵고 길게 보면 파괴적일 수도 있는 일이기 때문에 이건 심각한 문제다." 나 역시 전적으로 동의한다. 나도 그와 마찬가지로 오랜 시간 상담과 코칭을

업으로 삼으면서 경계선 성격 장애, 양극성 장애, 조현병 진단을 받았다는 내담자들을 얼마나 많이 보았는지 모른다. 여기서 특히 조현병과 피해망상 진단을 받고 오랫동안 고생했던 미셸의 예를 들고 싶다. 나는 그의 싸움을 함께했고 미셸은 결국 최근에야 아스퍼거 증후군으로 인정받았다. 나는 처음부터 미셸이 그런 쪽이 아닐까 생각했었다. 잘못된 진단을 바로잡기 위해 얼마나 많은 시간과 에너지를 흘려보냈는지 모른다.

코칭을 통한 접근은 일반적으로 별 도움이 되지 않는다. 나는 사람들이 이 문제에 접근하는 정신 자세를 두고 자주 분개하곤 한다. 정신적 과잉 활동인이 자기 자신을 이해하고 그 자체로 받아들이면서 강점을 십분 발휘할 수 있도록 돕는 게 아니라 자꾸 그를 '바꾸고' 그에게 맞지 않는 세상에 무조건 '적응하라고' 하지 않는가. 하지만 그러한 변화를 요구하는 것은 폭력이다. 자신의 타고난 본성을 부인하고 자기에게 맞지도 않는 시스템에 복종하라는 것 아닌가. 병든 세상에 적응하는 수밖에 없다는 건가? 아니, 과연 누가 미친 건가? 정신적 과잉 활동인인가, 상상적 현실에 매몰되어 지나치게 표준화된 이 세상인가? 정신적 과잉 활동인들을 '치료'한다는 게 정확히 뭘 하겠다는 뜻인가? 타고난 재주나 영재성을 없애자는 건가? 창의성이 번득이는 지능을 치료하겠다는 건가?

나는 여러 책에서 정신적 과잉 활동인들에 대한 설명을 접했고 그들이 겪는 심리적 고통이 사회의 잘못된 처우(부인, 멸시, 비판, 거부)에서 비롯됐음에도 마치 그들의 체질적 특성인 것처럼 기술되고 있음을 확인했다. 가정 폭력의 역학과 똑같다. 폭력적인 남편은 으레 아내를 우울증 환자로 몰아세운다. 아내가 제정신이 아닌 건 자신의 폭력적인 행동이 불러온 결과인데 말이다. 그 원리와 똑같다. 우리 사회는 정신적 과잉 활동을 학대하면서 자신의 학대를 부정하느라 여러분을 미친 사람, 우울증 환자, 미성숙한 인간으로 몰아세운다!

여러 저자가 정신적 과잉 활동인들의 만성 우울증을 지적하고 너무 머리가 빠릿빠릿하게 돌아가는 것도 불행이라는 식으로 말한다. 우리가 허구한 날 우는소리를 한다고 말이다! 내가 보기에 그러한 오해는 정신적 과잉 활동인들이 실존적 불안을 용기 있게 마주하기 때문에 발생한다. 그런 부분을 일반 사고인들은 못마땅하게 여기고 천성이 우울해서 그렇다는 식으로 말한다. 죽음 불안, 인생의 의미, 그딴 걸 왜 정면으로 붙잡고 늘어지냐고 비판한다. 하지만 이 평가는 단단히 잘못됐다. 실존적 불안을 회피하는 것보다는 용기를 내어 직시하는 편이 훨씬 더 정신적으로 건강한 태도라고 하지 않는가. 그런데도 정신적 과잉 활동인들이 우울증을 앓고 있다고? 아니, 절대 그렇지 않다. 10여 년을 뒤로 물러나 관찰한 결과, 이제는 자신 있게 말할 수 있다. 제대로 이해받고 인정받는 정신적 과잉 활동인은 방울새처럼 명랑하며 유머 감각과 열성이 넘친다. 실은 적어도 하루 한 번은 우울할 수도 있다. 마치 브르타뉴 날씨 같다고 할까. 브르타뉴 사람들은 자기네 고장은 늘 날씨가 좋지만 하루 종일 좋지는 않다고 말한다. 감정의 롤러코스터는 정신적 과잉 활동인의 특기다. 그런데 일반 사고인들은 건강한 정신 상태를 안정적이고 기복 없는 기분과 동일시한다. 그게 문제다. 그들은 그들만의 기준대로 용인할 수 있는 정도를 정해 놓고 그걸 넘어가는 사람은 문제 있다는 식으로 판단한다. 양극성이야! 히스테리야! 경계선 성격 장애야!

여러분은 처져 있을 때는 우울하고 확 살아나면 그 이

상 발랄할 수가 없다. 여러분은 어린아이처럼 행복에 취한다! 그래서 웃음거리가 되거나 손해를 자초하기도 한다. 집단의 이야기에 매몰되어 있는 일반 사고인들은 정신적 과잉 활동인들이 미성숙하고 '현실의 삶'을 마주하지 않는다고 비판하면서 본인들이 이성적이라고 믿는다. 따분하고 미적지근한 삶을 체념하고 받아들이지 않는 것이 미성숙의 표시라나. 그들은 여러분의 미성숙을 믿어 의심치 않는다. 그래서인가, 어떤 저자들[5]은 영재성을 논하면서 여러분을 대할 때 어린애나 청소년 대하듯 해야 한다고 권하기까지 한다.

나는 정신적 과잉 활동인들에 대한 다양한 기술을 읽으면서 '우선 보이는' 모양새는 호의적이지만 그 아래서 그들에게 책임을 지우는 태도를 느낄 수 있었다. 저자들은 여러분이 불러일으키는 짜증을 감추고 비난을 다소 완화하려는 듯 중간중간 '그렇지만 매우 흥미로운' '그렇지만 매우 정이 많은' '그렇지만 매우 창의적인' 같은 자잘한 칭찬을 배치했으나 전반적으로 비판과 책망을 나열하고 있는 듯했다.

나는 일견 객관적으로 보이는 그 내용들을 읽으면서 시

종일관 멸시 어린 가치 판단을 감지했다. 저자들이 정신적 과잉 활동인들이 일부러 한다고 보는 여러 행동에 관한 기술에서도 충격을 받았다. 그들은 서툴거나 뭘 몰라서 하는 행동으로 보지 않았다. 여러분이 계산적으로 그런 행동을 한다는 것이다. 다 알고 하는 행동이라나.

가령 《철학·인지 능력이 있는 사람들》의 저자들[6]은 여러분이 주위 사람들을 놀라게 하려고 천재적인 아이디어를 다방면으로 과시한다고 보았다. 그들은 이렇게 썼다.

"철학적 능력이 있는 사람은 자신의 번득이는 재능 때문에 타인이 자신을 높게 평가한다는 생각에 사로잡히기 쉽다. 그래서 천재적 이미지를 드러내는 행동을 많이 시도하는 경향이 있다. 그들은 타고난 두뇌 혹은 재주가 부족한 사람이나 치열하게 공부하고 실력을 쌓는다는 생각에 오랫동안 사로잡힌다. 공을 들이는 것보다 순간적으로 번쩍 떠오르는 아이디어가 훨씬 주목과 찬사를 받는다."

이게 여러분 얘기 같은가? 아니, 나는 여러분이 천재 이미지에 집착하는 사람들이라고 생각지 않는다. 상처가 되는 말 아닌가? 그렇지만 꾹 참고 끝까지 읽을 가치는 있었다. 일반 사고인들은 그렇게 생각할 수 있다. 그렇게 알고 있는 게 도움이 된다. 복잡한 설명이었지만 일반 사고인들이 정신적 과잉 활동인들을 어떻게 느끼는지 좀 더 잘 알 수 있었다. 행간을 읽으면서 부정을 뒤집어 보고 일반 사고인의 시각을 취해 보니 모든 것이 투명하게 이해됐다. 그래서 나의 작업에 귀중한 도움을 준 그 저자들에게 감사한다. 여러분의 의도로 오해받는 것들은 다음과 같다.

타인의 관심이 고픈 관심 종자

여러분은 자기 의지를 관철하고 싶어 하는 사람으로 통한다. 일부러 선을 넘고 따로 놀고 도발하는 사람으로 보이는 것이다. 관심을 받기 위해 뭐든지 하는 사람, 주목과 발언권을 독차지하고 싶어 하는 사람. 반면, 여러분이 신중하게 행동하려 한다고 해서 더 좋게 받아들여지지는 않을 것이다. 그렇게 뒤로 빠져 있으면 다른 사람들을 무시하는 걸로 오해받는다. 여러분이 사람들에게 거절당했기 때문에 그런 식으로 복수한다는 해석을 읽고서 내가 얼마나 어이가 없었는지 모른다. 하지만 그 사람들은 여러분이 부적

응자라서 거부했을 뿐이고 여러분은 자신에게 쌓인 경험대로 반응한 것일 뿐이다. 이걸로 증명은 끝났다. 내가 앞에서 설명했던 내용을 바탕으로 여러분은 일반 사고인들이 상황을 그렇게 지각할 수 있다는 것을 이해할 것이다. 연극 무대에 난입한 불청객은 사실 배우들보다 더 눈에 띈다. 그 사람은 어떻게 연극이 상연 중이라는 사실을 모를 수 있나? 그가 입을 다물든 뭐라고 떠들든 연극의 참여자는 아니다.

크게 힘들이지 않고 충격을 주고 싶어 한다

정신적 과잉 활동인들에 대해서 쓴 책들을 읽다 보면 일반 사고인들은 여러분을 오만하고 잘난 척하고 과대망상이 심하다고 생각하는 것 같다. 아무도 여러분이 보이지 않는 곳에서 얼마나 애쓰고 고심하는지 충분히 시간을 들여 이해해 보려 하지 않는다. 겉으로는 모든 것이 단순하고 명쾌해 보이기 때문이다. 여러분은 이 주제에서 저 주제로 훌훌 배회하는 것처럼 보이기 때문에 어느 하나를 깊이 있게 파고들었을 것 같지 않고 허풍만 센 사람처럼 보인다. 일반 사고인들은 정신적 과잉 활동인의 뇌가 도전을 좋아한다는 것을 모른다. 하지만 일단 도전에 성공하면 여러분은 흥미를 잃고 그냥 놓아 버린다. 여러분은 문제를 한 바퀴 쭉 돌아봤구나 생각하겠지만 다른 사람들이 보기엔 그냥 위에서 쓱 한 번 내려다봤구나 생각한다. 그래서 정신적 과잉 활동인은 허세가 심한 애호가, 진 빼지 않고 가볍게 건드리는 정도로 뽐내는 사람으로 오해받는다. 그런데 또 여러분이 해내니까 그게 제일 짜증날 수밖에! 게다가 겸손하게 군다. 정신적 과잉 활동인들은 그들이 불러 일으키는 찬탄과 질투를 과소평가하는 것 같다. 그런데, 바로 그 찬탄과 질투가 그들을 소외시킨다. 찬탄은 고립을, 질투는 거부를 부르기 때문이다. 그 두 가지가 전달하는 메시지는 동일하다. "너는 우리 같지 않구나." 빼어난 자는 내쳐지고 벌을 받는다. 가엾은 조나선 리빙스턴 시걸[7]은 아무에게도 지지받지 못한 채 절대의 탐색을 경험했다. 범상치 않은 능력 때문에 집단의 이야기 밖으로 내쳐진 이 갈매기에게 고독한 삶을 비행을 향한 열정에 바치는 것 말고 다른 선택지가 있었을까?

카를로스 티노코는 신경전형인이 어려운 일을 아무렇지도 않게 해내는 영재를 보면서 자기애에 깊은 상처를 입기 때문에 보복하고 싶어 한다고 말한다. 《영재들》의 공저자 상드린 자놀라가 다시 읽은 '토끼와 거북' 이야기는 재미있으면서도 냉철하다! 보잘것없고 변변찮은 거북은 달리기 능력을 증명할 필요가 없는 토끼에게 톡톡히 '교훈'을 준다. 이처럼 일반 사고인은 자기애를 회복하기 위해 공로, 꾸준함, 노력, 수고의 이데올로기를 앞세우고 그 모든 것을 조상 대대로 내려오는 지혜라고 추켜 올린다. 그는 정신적 과잉 활동인이 빼어난 재능도 "노력을 하지 않으면 아무 쓸모 없다"고 믿기를 바란다. 하지만 실은 그렇지 않다. 의욕이 넘치는 정신적 과잉 활동인은 산더미 같은 일을 해치우면서도 즐거워한다! 카를로스 티노코는 교사들이 이 같은 능력주의 논리에 입각해 어중간한 학생은 봐주면서도 중상위권 학생에게는 박하게 구는 경향이 있다고 말한다.

《철학·인지 능력이 있는 사람들》에도 동일한 이데올로기가 작용한다. 다들 여러분에게 열심히 노력하라고 조언할 것이다. "그러한 이미지를 대하는 주위 사람들에게 거부당하지 않도록 최대한 일찍부터 노동의 미덕을 배워야 한다." 이 문장의 의미는 분명하다. 여러분이 '노동의 미덕'을 모른다는 얘기다. 여러분이 아무리 많은 일을 해내더라도 수고스럽게 끙끙대면서 하지 않으면 제대로 인정받지 못한다.

게다가 일반 사고인들은 여러분이 일을 많이 하면 우월함을 과시하기 위해서라고 할 것이다. 그들이 다른 설명을 찾지 못하는 것도 잘못은 아니다. 막심 로베르는 《멍청이들을 어떡하나?》[8]에서 충격적인 메시지를 던져 준다. 나는 여러분이 이 메시지를 깊이 생각해 보기를 바란다.

"피라미드형 조직 안에 가장 널리 퍼져 있는 어리석은 행각 중 하나가 그럴 만한 가치가 있는 목표와 그로써 얻을 수 있는 혜택이 부재한 상황에서 다른 사람들의 열심을 요구하는 것 그리고/혹은 스스로 열심을 내는 것이다. 그런 상황에서는 노력이 쓸데없이 열 내는 짓밖에 되지 않아 노동의 의미를 지워 버리고 대척점에 있는 사람들—정말로 할 일이 없는 사람들—의 무력한 바보짓을 부양하는 셈이 된다."

그렇다, 여러분은 넘치는 에너지를 발산하기 위해 늘 바빠야 하는 사람이다. 그래서 남들의 눈에는 이해가 안

될 만큼 일에 매달리는 사람, 남들에게 보라는 듯이 자기 혼자 일하는 태를 내는 사람으로 비친다.

입씨름 전문가

일반 사고인들은 정신적 과잉 활동인들이 자신들의 한계를 시험한다고 생각한다. 여러분은 이 책을 읽기 전까지 그런 한계가 있는 줄도 몰랐겠지만 그들의 노란 선은 암묵적이고 임의적이다. 우리는 여러분이 얼마나 틀을 두지 않고 프리스타일로 일관해 왔는지 보았다. 이렇게 늘 즉흥적으로 행동하면 일반 사고인들은 사람을 불안하게 하려는 의도가 있다고 생각한다. 그래서 여러분은 일부러 도발하는 사람, 입씨름 전문가로 통한다. 여러분은 일반 사고인들의 허를 찌를 때까지 끊임없이 질문을 던지고 그들은 결국 모욕당한 기분을 느낀다. 여러분은 양보할 줄 모르는 사람이다. 매사에 흠을 잡아야 직성이 풀리는 사람이다. 요컨대, 그런 자기 파괴적 성향이 골치 아픈 일을 찾아다니는 형국이니 마가 꼬이는 것도 자업자득이다. 나도 안다, 이러한 자각이 전혀 유쾌하지 않다는 것을. 그렇지만 이 책을 처음부터 쭉 읽어 온 독자라면 일반 사고인의 시각에서 충분히 그렇게 보일 수 있다고 이해할 것이다. 분명히 정신적 과잉 활동인의 시각에서는 상황을 근본부터 완전히 다르게 해독하겠지만 말이다.

그렇다, 여러분은 비판적 감각이 발달했고 일반적으로 받아들여지는 확실성도 재고할 만큼 스스로 질문을 제기하는 태도가 자연스럽다. 하지만 지금까지 여러분은 그러한 비판이 건설적이라고 철석같이 믿었을 것이다. 잘못 생각했다. 카를로스 티노코는 우리에게 설명한다. "전형적 두뇌 활동에서는 성찰이 현실의 일부를 은폐하는 데서부터 출발하곤 한다." 그 무엇도 집단을 바로 서게 하는 설명적이고 표준적인 담론을 위협해서는 안 된다. 그러므로 집단의 이야기가 유지되려면 너무 많이 생각해선 안 되고 캐물어선 안 되며, 모순되거나 의혹을 낳을 수 있는 정보를 은폐하고 특히 일관성 없음을 지적하지 말아야 한다. 그런데 지나치게 활발한 두뇌는 휴식을 모르거니와 뭔가 이해가 안 되면 스트레스를 받는다. 그래서 계속 캐묻는 것이다. 일반 사고인들은 여러분이 원하는 만큼의 대답과 복잡한 사유를 누릴 때 얼마나 평화로워지는지 절대로 모를 것이다! 하지만 배운 바를 기억하라. 논평은 혼자만의 것으로 간직할 것, 질문은 딴 데 가서 할 것. 어디 가서 하느냐고? 요즘은 궁금한 것 대부분을 인터넷에서 찾아볼 수 있다. 괜히 상대의 허를 찌르지 않도록 주의하자. 일반 사고인들의 세상에서, 궁지에 몰려 "나는 잘 모릅니다"라고 고백하는 상황은 그들에겐 참패와 다름없다.

더욱이 사람마다 '위반' 개념이 다를 수 있다. 일반 사고인은 여러분이 아무렇지도 않게 누리는 자유에 충격을 받는다. 스스로 철저하게 적용하는 금지를 누구는 아예 알지도 못한다고 상상이나 했겠는가. 정신적 과잉 활동인들은 '타협'할 줄 모른다는 말을 많이 듣는다. 그건 다시 말해 집단의 이익을 위해 희생을 할 줄 모른다는 뜻이다. 하지만 실은 아무도 타협하지 않는다. 일반 사고인들은 절대로 집단의 이야기를 수정하는 방향으로 타협하지 않는다.

《철학·인지 능력이 있는 사람들》의 저자들은 지적한다. "철학적 소양이 발달한 사람의 정신적 구성은 자신이 배운 규칙에 복종하고 사회 규범(초자아)에 적응하는 데 중점을 두기보다 자신의 뿌리 깊은 열망(자아 이상)에 부응하는 방향을 취한다." 저자들은 제대로 보았다. 하지만 이 문장 표현도 은근히 정신적 과잉 활동인을 책망하는 것 같지 않은가?

내가 정신적 과잉 활동인에게는 아무 잘못이 없다고 다소 순진하게 믿는 것처럼 보일지도 모른다. 하지만 나는 상담을 하면서 여러분이 불러일으킨 부정적 반응과 푸대접을 상기시킬 때마다 여러분이 진심으로 놀라는 모습을 이골이 나도록 보았다. 의식적인지 무의식적인지는 모르지만 정신적 과잉 활동인은 충돌을 좋아하는지도 모른다. 여러분 각자의 내면에는 시라노, 인간 혐오자, 돈키호테가 조금씩 있을 것이다. 이 인물들처럼 부러지기 전까지는 굽히지 않는다. 진실, 완벽주의, 올곧음에 목말라 있기에 대쪽 같이 굴고 자발적 예속의 코드와는 타협하지 않는다. 그렇다, 여러분은 무릎을 꿇으면 피할 수 있는 총알을 그냥 서서 맞는 사람이다. 그렇지만 다른 사람을 도발하려는 의도는 없다. 어디서 실수했는지 이해하기 위한 건설적 피드백이 부족할 뿐. 나는 이 책을 통해 여러분이 그러한 피드백을 얻기를 바란다.

정신적 과잉 활동인은 일부러 그러는 건 아니지만 타고

난 도발성이 있기 때문에 그 재주를 잘 이용해 보라는 말을 일반 사고인들에게 곧잘 들었을 것이다. 가령, 풍자 작가나 희극인이 되면 어떨까? 그런 충고는 제법 새겨들을 만하다. 정신적 과잉 활동인들은 누군가를 웃기는 역할을 하면 그나마 공격을 면하고 받아들여질 수 있다는 것을 경험으로 깨닫는다. 하지만 웃음에도 여러 종류가 있다. 조롱은 유머가 아니다. 함께 웃는 것과 누구 하나를 제물 삼아 웃는 것은 다르다. 도스토옙스키의 단편 〈우스운 사람의 꿈〉[9]에서 사람들은 광대를 조롱하지만 광대는 우리를 비웃는다. 광대와 철학자만이 자신이 생각한 것을 말할 수 있고 독자적인 이야기를 가질 수 있다. 웃기는 사람은 되더라도 우스운 사람은 되지 말기를!

완벽한 영재

일반 사고인들이 영재를 좋게 보는 경우도 있을까? 물론이다, 영재가 거짓 자기에 꽁꽁 매여서 숨도 못 쉴 지경일 때는 다들 좋아한다. 영재의 과적응은 기적을 일으킨다.

능력도 좋은 사람이 카리스마가 있다, 개방적이다, 듬직하다, 사회성이 있다 등 칭찬이 쏟아진다. 기발하고 혁신적인—그러나 판을 완전히 뒤엎지는 않는—아이디어를 겸손하게 제시하니 다들 귀 기울이고 받아들인다. 하지만 여러분이 기뻐하기는 이르다. 사람들은 단지 신중하게 굴고 무리 속에 묻어가는 능력을 무엇보다 좋게 볼 뿐이다. 과적응은 다른 사람들에 비해 너무 튀지 않게 해 준다. 영재는 과적응 상태에서만 완벽하다. 요컨대, 본인은 영재라는 의식도 없는데 그 영재성을 숨겨야 한다. 그런 걸 들키면 사람들이 상처받으니까.

사실, 완벽한 영재에게 약점은 하나뿐이다. 언젠가는 일어나고야 말 폭발이 그 약점이다. 남들의 칭찬과 감탄을 부르는 삶을 오랫동안 무리하게 끌고 가다가 번아웃이나 심각한 우울증에 빠져서 주위 사람들이 아연실색할 만큼 무너지는 것이다. 갑자기 생활이 바뀌고 직업 진로도 수정한다. 그 새로운 삶이 남들이 보기에는 예전만 못한데 본인은 안정을 찾고 즐거워하니 가족이나 가까운 친구들은 도무지 이해할 수 없다.

내가 읽은 책과 자료를 바탕으로 말해 보자면, 완벽한

영재는 거절당할지 모른다는 두려움에 옥죄어 중세 갑옷 뺨치게 무거운 '거짓 자기'를 입고 언제나 과적응하는 정신적 과잉 활동인과 일치한다. 다시 말해, 내가 전작들에서 기술했던 어려움을 안고 살면서 심각한 불안에 시달리는 딱한 사람이다. 하지만 일반 사고인들은 이 과적응 상태의 완벽한 영재에게만 흡족해한다.

나는 이 주제를 다루었던 신경전형인 과학자들이 과적응이 하나의 행동일 뿐 구조적인 것은 아니라는 점을 알아차리지 못했다는 게 놀랍기도 하고 우려스럽기도 하다. 그들은 "과학의 중재에 맡긴다"는 명목으로 MRI(자기 공명 영상법)를 통해 일종의 정신 구조가 작동하는 것을 볼 수 있다고 생각한다. 하지만 내가 보기에 영재가 자신의 '거짓 자기'에 구속되어 있다면 그의 뇌가 자유로운 자기 자신일 때와 같은 방식으로 작동할 리 없다. MRI는 생각이 태어나는 지점을 보여 주지 못한다. 사실 이렇게 본다면 구제 불능의 정신적 과잉 활동인은 (다행히도) 자신의 감정을 차단하고 카멜레온처럼 주위 환경에 녹아드는 데 실패한 사람이라고 할 수 있다. 비록 비싼 대가를 치르겠지만 당사자에게는 차라리 그게 낫다.

왜곡된 상이 비치는 거울

여러분은 아마 일반 사고인들이 묘사하는 사람은 아닐 것이다. 하지만 그들이 가진 해석의 틀로는 그렇게 볼 수밖에 없다. 삼차원의 구球가 플랫랜드를 지나갈 때 한 점이 등장해서 점점 더 넓은 원이 되었다가 다시 쪼그라들고 사라졌다.[10] 플랫랜드 사람들은 단 한 순간도 그게 공 모양일 거라고 생각해 보지 않았다. 일반 사고인들이 여러분을 지각하는 방식도 거의 비슷하다고 본다. 이해할 수 없는 사람들에게 정신적 과잉 활동인을 정의하고 정신적 과잉 활동인이 어떤 사람인지 말해 보라고 하는 것이 나로서는 점점 위험하게 느껴진다.

이제야 깨닫는 바가 있다. 이 주제에 대해서 처음 책을 쓸 때만 해도 나는 비록 일반 사고인은 아니었지만 그들의 견해, 그들이 말하는 우리의 모습에 너무 매몰되어 있었다. 그렇지만 일반 사고인들이 그렇게나 좋아하는 그놈의 IQ(지능 지수) 검사에 대해서는 처음부터 격렬하게 반대했다. 파니 누스바움Fanny Nusbaum은 직관적으로 철학적 소양이 있는 사람, 다시 말해, '거짓 자기'에 매여 있지 않은 정신적 과잉 활동인은 놀라운 능력을 지니고 있지만 이 검사에 부합하지 않는다는 것을 알았던 것 같다. 그 정도면 좋은 시작이다.

요즘 내가 경계하는 것은 '자폐 유전자'를 분리해 내려는 일부 과학자들의 시도다. 나는 그들이 개발하려는 프로그램이 일종의 우생학이라는 위고 오리오[11]의 지적에 동의한다. 현재 다운증후군을 선별 검사로 분리해 내는 실태도 크게 다르지 않다. 자폐증을 뿌리 뽑자! 꼬마 모차르트, 꼬마 아인슈타인 다 필요 없다! 평범하고 보잘것없음의 지배 체제에서 속 편하게 살아 보자는 건가.[12] 그런 생각을 하면 너무 무섭다.

'영재들'에 대한 출판물은 차고 넘치지만 여러분이 스스로 영재라고 말할 수 있는 경우는 오로지 지능 지수 검사에서 탁월한 성과를 냈을 때다. 여러분은 영재라는 자가 진단이 이 장 앞부분에서 언급한 모든 종류의 오진보다 '훨씬 더' 심각하고 위험한 것처럼 느낀다. 이 문제에 대해서도 일반 사고인들이 찍소리 못 하게 여러분의 편을 들어주는 책은 카를로스 티노코가 공저자들과 함께 쓴 그 책 한 권뿐이었다. 상드린 자놀라가 주장했듯이 나 역시 정신적 과잉 활동인은 자기 안에서 어떤 일이 일어나는지 알고 자기 두뇌가 어떻게 작용하는지 스스로 관찰하며, 자기 감정과 과민성을 파악할 수 있다고 본다. 그런 사람이 왜 자기가 어떤 사람인지를 규정할 권리를 외부 심급에 맡겨야 하나?

그러니 일반 사고인들이 어떻게 생각하느냐와는 별개로 자기 자신으로 존재할 권리, 자기가 어떤 사람인지 알 권리를 차지하라. 무엇을 증명하거나 이해시킬 필요는 없다. 하지만 이제 그들이 여러분의 행동에 어떻게 반응하는지 알고 그들이 어떤 틀 안에서 작용하는지 아니까, 분명한 의식을 가지고 그들에게 맞춰 줄지 그러지 않을지 여러분이 선택해야 한다.

암초에 좌초되지 않고 항해하는 법

장음계와 단음계의 가장 큰 차이는 2음과 3음 사이의 간격에 있다. 장음계에서는 으뜸음과 3음의 간격이 2도지만 단음계에서는 1도 반이다. 이 미세한 간격 차이가 선율의 활기찬 느낌 혹은 구슬픈 느낌을 좌우한다. 재미있는 부분이 있다. 또 다른 중요한 차이는 장음계에만 존재하는 특유의 '이끎음'이다. 음악가들도 장조와 단조를 바로 구분하려면 귀썰미를 훈련해야 한다. 마찬가지로, 일반 사고인의 상상적 현실과 정신적 과잉 활동인의 상상적 현실 사이의 미세한 차이, 그로 인한 불협화음을 이해하려면 훈련이 필요하다. 음악가이자 작가 마르크 벨라가 《부정음 찬가》[13]에서 잘 말해 주었듯이 "실패, 부정적이고 파괴적인 행동, 일상에서의 좌절, 불만, 우울, 사랑하고 사랑받지 못하는 좌절, 이 모든 인생의 부정음들은 배우고 전진하고 성장하고 새로워질 수 있는 기회이기도 하다."

상호 이해 불능은 앞으로도 계속될까? 물론 그럴 것이다. 카를로스 티노코는 영재와 다른 사람들 사이의 "간격을 생각하라"고 권한다. 나는 이 책을 통해서 여러분이 일반 사고인의 세상에서 사회적 코드의 암초에 좌초될 위험 없이 여러분의 생각대로 항해할 수 있도록 핵심 비결을 전수했다고 생각한다. 일반 사고인들도 그들 나름대로 여러분을 이해하고 조금이나마 여러분의 자리를 마련하려는 노력을 객관적으로 하고 있다. 정신적 과잉 활동인들이 자기를 있는 그대로 받아들일수록 일반사고인들도 정신적 과잉 활동인들을 있는 그대로 받아들이지 않을 수 없게 된다. 물론, 그렇더라도 신중한 자세는 잃지 말자.

침묵하는 법을 배우다

이제 여러분이 여러 가지 특성을 복합적으로 안고 있음을 인정하라. 지능, 관용, 논법, 지식, 객관성 …… 자유로운 사고와 탄탄한 비판 정신까지 말이다. 내가 마르고 닳도록 하는 말이 있다. 현자와 바보의 차이는 현자는 상대하지 않아야 할 사람을 안다는 데 있다. 이제 여기에 조금 덧붙이겠다. 똑똑하다는 것은 미친 짓도 상대와 때를 가려 할 줄 아는 것이다.

맞는 말을 한 사람이 되기를 단념하라. 어쨌든, 맞는 말도 너무 일찍 하면 틀린 말이 된다. 여러분이 옳다고 인정받기를 포기하면 엄청난 에너지를 절약해서 여러분이 정말로 즐거워하는 일에 쏟을 수 있다. 의견이 받아들여지기를 필요에 따라 포기한다고 해서 여러분이 아예 의견이 없는 사람이 되진 않는다. 단지 자기 의견을 관철하느라 시간과 에너지를 너무 많이 쓰지는 말자는 얘기다. 옳고 그름을 따지면서 정면으로 부딪히면 관계를 해친다. 그러한 갈등이 세계 곳곳에서 크나큰 고통을 낳고 있지 않은가. 우리 자신을 옹호하지 않으면 공격받을 일도 없고 오히려 천하무적이 된다. 명심하라, 여러분이 옹호하고 싶은 그것도 상상적 현실, 정신의 신기루, 개념들의 집합에 불과하다. 요컨대, 정신적 과잉 활동인 역시 있지도 않은 바나나 때문에 싸움에 휘말리기 쉬운 사피엔스다.

집단의 이야기라는 최면에 깊이 빠져 있는 사람들을 깨우려 애쓰지 말고 이미 깨어 있는 자들, 엄밀히 말하자면 그 이야기를 바라보는 시각이 여러분과 비슷한 사람들에게 합류하라.

나는 정신적 과잉 활동인들을 대상으로 하는 강연이나 연수를 자주 진행한다. 가령 '정신적 과잉 활동 길들이기'나 '과민성 관리'를 주제로 하는 자리에는 그 주제와 직접적으로 상관있는 정신적 과잉 활동인들만 참석하게 마련이다. 그런 자리에서는 다들 아주 기분이 좋다. 모든 게 쉽고, 매끄럽고, 명확하다. 참석자들이 서로 특별한 호의를 품고 대하는 것이 느껴진다. 지적 욕구, 호기심, 유머 감각, 명랑함이 넘쳐흐른다. 정신적 과잉 활동인들이 안전한 환경에서 신뢰받을 때 그들의 가장 좋은 모습이 나온다. 실수할 걱정도 없고 프리스타일도 넘어짐 없이 아름다운 회전 동작으로 마무리된다. 친밀하게 굴어도 편안하게 받아주고 느끼한 유혹 없이도 감정은 충만하다. 참석자들도 안다. 정신적 과잉 활동인들끼리 있으면 삶이 참 쉽구나! 나는 우리를 하나로 묶어 주는 상황들을 도처에서 감지한다. 대한민국 서울에서 내 페이스북 친구들이자 《나는 생각이 너무 많아》의 독자들과 비공식적으로 모임을 가졌던 일은 잊을 수 없다. 그들에게서도 똑같은 편안함과 애정에 가까운 친절을, 무엇보다 똑같은 정서를 느꼈다. 얼마나 강렬한 경험이었는지! 언어 장벽이 무색할 정도로 우리는 주파수가 잘 맞았다. 나는 그들이 서로를 알아보고 형제자매처럼 정답게 대하는 것을 보았다. 정신적 과잉 활동인들끼리 있으면 이렇게 편하고 좋은데 일반 사고인들의 코드는 알아서 뭐 하느냐고?

세상의 절대다수는 일반 사고인이다. 정신적 과잉 활동인들끼리의 끈끈한 연대 밖으로 나가면 부딪치고 얻어맞을 일 천지다. 일반 사고인들의 세상을 드나들면서도 고통받지 않을 방법이 있다. 그 세상이 여러분을 일부러 막 대하는 게 아니고 주요 원인은 암묵적인 것에 대한 양측의 이해 부족이라는 사실을 받아들이는 것이다. 일반 사고인들도 자기네들의 코드를 잘 모른다. 그들은 그 코드를 너무 잘 체화하고 있어서 의식하지 못한다. 그리고 집단의 이야기 속에 깊이 들어가 있기 때문에 물러설 수도 없다. 나는 그들이 도대체 이렇게 당연한 걸 왜 구구절절 설명하고 앉았나 답답해하리라 확신한다. 안 나와도 되는 책이 한 권 더 나왔네! 그들은 여러분의 두뇌 활동에서 몇 광년 떨어진 곳에 있기 때문에 여러분에게 자신들의 메커니즘이 얼마나 낯선지 모른다.

나는 여러분의 상호 작용에 편의와 안전을 더해 주고 싶었다. 삶의 모든 상황에서 본의 아니게 실수, 유혹, 도발을 범할 가능성은 인간관계를 골치 아프게 만들고 심각한 스트레스를 낳는다. 판단 당하는 기분은 또 얼마나 부담스러운가. 그래도 다수가 아니라 소수가 적응해야 한다. 실천으로 옮겨 보자. 이제 핵심 비결은 전부 여러분의 손안에 있다.

마지막으로 한마디만 더 할까. 나는 이 책을 쓰면서 일반 사고인이 될 뻔했다!

마치며

자, 드디어 끝에 다다랐다. 애초에 여러분은 적응하기 힘들었겠지만 지금까지 살아온 이 세상을 드디어 이해하게 되기를, 그럴 수 있도록 내가 실마리들을 잘 제공했기를 바란다.

일반 사고인들의 세상에 접근하기 위해 나도 그 세상을 받아들이고 거기에 순응했다. 인디언 속담대로 실천하려고 노력했다. "형제에게 독사의 혀를 내밀기 전에 그들의 모카신을 신고 두 개의 달을 걸어 보라."

일반 사고인의 모카신을 신어 보니 발볼이 너무 좁긴 해도 상당히 편했다. 여러분의 척후병으로서 그 세상에 잠입해 보니 그곳에는 평화, 상식, 편안한 단순함이 있었다. 나는 그냥 거기에 짐을 풀고 싶었다. 뚜렷하게 비교가 되어 그런가, 기존의 정신적 과잉 활동이 피곤하고 성가시게 느껴졌다. 나도 그제야 일반 사고인들이 얼마나 우리를 참기 힘들어 하는지 알 수 있었다.

이 책을 쓰면서 나의 두뇌 활동이 선형적이고 연속적으로 진행되어가는 것을 느끼자 미친 듯이 갈래를 뻗어 가는 사유 방식으로 다시 돌아가고 싶지 않은 마음도 들었다. 현재를 살고, 차례차례 하나씩 해결하고, 정상에 오른다기보다는 등산로를 따라 걷듯 한 발 한 발 앞으로 나아가고, 도전이고 뭐고 그저 가만히 일상을 음미하는 것도 나한테는 꽤 잘 맞았다. 요요처럼 오르락내리락하는 감정도, 내면의 폭군도, 답 없는 질문들도, 세상을 바꾸고 싶은 마음도 내려놓고 싶었다.

코로나19 팬데믹으로 인한 봉쇄가 한몫했던 것도 사실이다. 나는 새들의 노랫소리를 듣고 자연의 냄새를 들이마셨다. 하루에 열 번 하늘을 쳐다봐도 하늘은 매번 새롭게 보였다. 삶은 '지금'이다. 더 이상 가능한 미래에 나를 투사하지 않았다. 아니, 왜 항상 앞으로 나아가기에 급급하단 말인가?

그때부터 이 책의 집필과 완성은 다다를 수 없는 목표 같았다. 갑자기 이 모든 것이 초인적인 과업처럼 여겨졌다. 이 책에서 무슨 얘기를 하려고 했는지도 아리송했다. 내가 설명하려고 했던 것에 파묻혀 정신을 못 차리는 기분이 들었다. 주제가 방만해지고 어디서 가닥을 잡아나가야 할지 막막했다.

이내 머릿속 한구석에서 사이렌이 울렸다. '연속적 사고방식으로는 이 책을 절대 못 끝내! 마인드맵을 그려! 다시 시작해! 색깔 구분으로 아이디어를 정리해! 뇌를 깨워!' 하지만 잠재적 억제가 작용하기 시작했다. 아득히 먼 곳에서 들려오는 듯한 사이렌 소리는 그렇게까지 거슬리지도 않았다.

그렇지만 나는 덜 감정적일수록 더 불안해졌다. 그때 마침 생각난 것이 질 볼트 테일러가 《나는 내가 죽었다고 생각했습니다》[1]에서 고백한 나와 정반대의 상황이었다. 그녀는 뇌졸중으로 좌뇌 기능이 손상되었고 그때 비로소 우뇌의 역량을 발견하게 되면서 정신 구조의 변화를 겪는다. 우뇌가 지배하는 삶은 더 감정적이지만 훨씬 덜 불안했다. 유레카! 나도 질 볼트 테일러처럼 다른 정신 구조를 여행한 것이다! 게다가 뇌졸중도 겪지 않고서! 그러자 이런 질문들이 떠올랐다. 집으로 돌아가려면 어떻게 해야 하지? 복잡하게 가지 치는 생각, 창의성, 무엇보다 해낼 수 있다는 의지를 되찾으려면 어떻게 해야 하지?

나는 일반 사고인과 정신적 과잉 활동인의 상호 이해에 관한 어려움을 잘 다루었다고 생각했던 책들을 다시 읽으면서 놀라운 발견을 했다.

아주 오래전, 조나선 리빙스턴 시절을 못 말리게 좋아했다. 와, 이런 주인공이 있다니!《갈매기의 꿈》을 다시 읽으면서 흠뻑 취했다. 지금의 나는 늙고 지친 갈매기다. 조나선의 탐색이 오만하고 실속 없어 보였다. 차라리 바위 위에서 다른 갈매기들과 함께 따뜻한 햇볕이나 쬐고 바다나 바라보면 좋을 텐데.

《인간 혐오자》[2]도 다시 읽었다. 옛날에는 주인공의 순수함에 마음이 움직였고 셀리멘은 고약한 여자라고 생각했다. 그런데 다시 읽으니 알세스트가 쓸데없이 못되게 군다는 생각이 들었고 집요하게 진실을 요구하는 모습이 우스꽝스러웠다. 버릇없고 가볍게 구는 셀리멘은 오히려 귀여웠다. 셀리멘의 말마따나, 스무 살은 무게 있게 처신할 나이가 아니라고!

더욱 놀라운 일은,《바람과 함께 사라지다》가 완전히 새롭게 읽혔다. 전에는 보이지 않았던 것이 보이면서 우리의 주제와 딱 들어맞는다는 것을 발견했다. 소설의 배경은 보수적인 미국 남부 '상류 사회'이고 스칼렛 오하라와 레트 버틀러는 그 사회에 적응하지 않고 따로 노는 인물들로서 사회의 관습에 구애받지 않는다. 스칼렛은 심리 조종자가 분명하다. 레트 버틀러는 정신적 과잉 활동인에 가깝다. 예전에 읽었을 때는 점잖은 남부 사회를 대하는 레트 버틀러의 도발적인 태도에서 자유로운 기백과 용기를 보았다. 하지만 다시 읽으면서는 어쩔 수 없이 남북 전쟁에 뛰어드는 가엾은 남부인들을 그는 뭐 하러 들이받을까 싶었다. 그들의 집단 이야기에 내포된 부조리를 까발려 눈앞에 들이밀어 봤자 잔인하고 쓸데없는 도발밖에 더 되겠는가? 게다가 레트 버틀러는 소설의 끝부분에 가서 자신의 행동이 화를 자초했고 자기가 조롱했던 그 '상류 사회'가 자기 딸을 배척한다는 것을 깨닫지만 그래도 그 사회에 딸을 편입시키고 싶어 한다.

그리고 《시라노》[3]도 다시 읽었다. 이 책을 두고는 더 할 말이 없다. 시라노는 완벽하고 숭고하고 위대하다! 그제야 나의 위엄을, 생각의 갈래 뻗기를 좋아하는 나의 뇌를 되찾았다. 그렇게 해서 나는 이 책의 원고를 무사히 완성할 수 있었다.

나는 여러분에게 낯선 이 세상을, 내가 이해한 모습대로 설명하려고 노력했다. 또한 일반 사고인들에게, 여러분의 신념을 일부러 공격할 의도는 없지만 일반 사고인들과 정신적 과잉 활동인들은 추론, 우선 순위, 가치관, 믿음까지 다 다르다고 일러 주고 싶었다.

이제 여러분은 이 모든 작용의 원동력과 논리를 파악했으니 적응하고 따르고 실천하는 건 여러분 선택에 달렸다. 설령 그러지 않기로 하더라도, 메커니즘을 알고 있는 것과 아예 모르는 것은 다르다.

적응할 수 있을 것 같고 적응하는 쪽이 바람직해 보이거나 필요하다고 생각되면 그렇게 하라. 그 나머지 부분에서는 그냥 여러분 자신으로서 살면 된다. 우리의 차이를 만드는 것, 우리를 하나 되게 하는 것, 그리고 나를 나로서 존재하게 하는 것이 있다면 그건 바로, '불완전한 모습 그대로 온전한 나 자신'이다. 여러분은 세상에서 오직 한 사람뿐이기에 그 누구와도 비교할 수 없다.

그러니까 딱 하나만 요구한다면, 그냥 여러분 자신이기만 하라.

드디어 결론을 다 썼다, 휴! 이제 대기 중인 장들을 마음

마치며

편히 쓰고 전체를 새로 조합해서 책의 구성을 뽑을 수 있겠다. 어쩌면 이 결론에 두세 단락을 더 보탤지도 모르겠다. 그렇다, 나는 다시 원래의 나로 돌아왔다! 여러분은 이 책을 처음부터 끝까지 순서대로 읽어 주길 바란다!

1장

1 BEAUVOIS Jean-Léon, JOULE Robert-Vincent, *Petit traité de manipulation à l'usage des honnêtes gens*, PUG, 2014.

2 HAAG Christophe, *La Contagion émotionnelle*, Albin Michel, 2019.

3 CATRON Mandy Len, *Comment tomber amoureux d'un parfait inconnu*, MASSOT Éditions, 2019.

4 TAMMET Daniel, *Embrasser le ciel immense*, J'ai lu, 2010.

5 BERNE Éric, *Que dites-vous après avoir dit bonjour?*, Tchou, 1977.

6 인정 자극 개념에 대해서 더 알고 싶다면 Claude Steiner, *Le conte chaud et doux des chaudoudoux*, InterÉditions, 2018을 추천한다. 일견 단순한 동화처럼 읽히지만 인정 자극의 메커니즘과 관리에 대해서 많은 것을 알려 주는 책이다.

7 좀 더 자세히 알고 싶다면 나의 책 《나는 왜 네가 힘들까》(부키, 2016)를 읽어 보기 바란다.

8 프랭크 패럴리(Franck Farrelly, 1931~2013)는 도발 치료(provocative therapy)의 창시자이자 이 요법을 제목으로 하는 책의 저자이다.

2장

1 명칭에서 알 수 있듯이 '독살 사건'은 루이 14세 치세인 1679년에서 1682년 사이에 다수의 귀족과 국왕 측근이 연루되었던 일련의 독살

들을 가리킨다.

2   NEIRYNCK Jacques, *La Grande Illusion de la technique*, Éditions Jouvence, 2013.

3장

1   여기 간략하게 소개한 인류의 진화에 대해서 더 자세히 알고 싶은 독자는 유발 노아 하라리의 《사피엔스》를 완독하기를 바란다.

2   쿼크(quark)는 현재 시점에서 강입자를 구성하는 기본 입자로 알려져 있다. 양자 물리학에서 새로운 발견이 일어나면 또 어떻게 될지는 모르지만 말이다.

3   NEIRYNCK Jacques, *La Grande Illusion de la technique*, op. cit.

4   더 알고 싶은 독자는 PLUCHET Blandine, *La Physique quantique pour les nuls en 50 notions clés* , Éditions First, 2018을 보라.

5   양자 물리학에서 지연된 선택 실험은 (과거가 미래에 달려 있기라도 한 것처럼) 양자가 과거에 일어나지 않았지만 일어날 수도 있었던 일에 영향을 미칠 수 있음을 보여 주었다.

6   참고 문헌을 보라.

7   NEIRYNCK Jacques, La Grande Illusion de la technique, op. cit.

4장

1   참고 문헌을 보라.

2   SEMERIA Eudes, *Les Pensées qui font maigrir & Le Harcèlement fusionnel*, éditions Albin Michel.

3   《실존주의 심리 치료(Thérapie existentielle)》는 인간 이해의 흥미로운 실마리들을 제공한다. 여러분이 호기심을 느낀다면 이 치료에 대해서 한번 알아보기를 권한다. 생각의 가지가 신나게 뻗어 나갈 것

이다.

4   아멜리 노통브, 《두려움과 떨림》, 전미연 옮김, 열린책들, 2014.

5   Fernando Pessoa, 《Lorsque viendra le printemps》(《Quando vier a Primavera》, 1915). Extrait du recueil *Le Gardeur de Troupeaux*, Gallimard, 1960.

6   1980년에 뤼크 플라망동과 미셸 베르제가 만든 프랑스 뮤지컬 〈스타마니아(Starmania)〉 중 '우리는 함께 잠드네'

7   AUDIBERT Catherine, *L'Incapacité d'être seul*, Payot, 2008.

8   이 주제를 탐구하고 싶은 독자는 나의 책 *Réussir son couple*, Éditions Jouvence, 2005를 참고하라.

9   Fernando Pessoa, *Le Livre de l'intranquillité*(1982), Christian Bourgeois éditeur, 1988.

10 스탠리 밀그램(Stanley Milgram, 1933~1984)의 '밀그램의 실험'은 널리 알려져 이후 수많은 논문과 취재 기사를 불러왔으므로 인터넷에서 관련 정보를 쉽게 찾아볼 수 있다.

11 로런스 콜버그(Lawrence Kohlberg, 1927~1987)는 도덕성 발달 척도를 계발한 미국의 심리학자다.

12 ROVERE Maxime, *Que faire des cons? Pour ne pas en rester un soimême*, Flammarion, 2019.

13 이 표현은 마르셀 파뇰(Marcel Pagnol)의 《제빵사의 아내(La femme du boulanger)》에 나오는 문장 "빵에서 아니스 맛이 났다. 아이들은 그 빵을 실컷 먹었다"를 살짝 비튼 것이다. 파스티스는 아니스 향을 넣은 술의 한 종류이지만 '골칫거리, 성가신 문제'라는 뜻도 있다.

14 〈환멸에 찌든〉(로랑 부토나 작곡, 밀렌 파르메르 작사·노래, 1991년 3월) 노랫말의 일부.

15 여기서 언급한 심리 게임들에 대해서는 BEAUVOIS Jean-Léon,

JOULE Robert-Vincent, *Petit traité de manipulation à l'usage des honnêtes gens*, op. cit.를 참조하라.

16 LAMARE Patricia, *La Théorie de la désintégration positive de Dabrowski*, Sens et Lien, 2017.

17 GONTCHAROV Ivan, *Oblomov*, Le Livre de poche, 1999.

5장

1 더 자세히 알고 싶은 독자는 나의 다른 책 *Scénario de vie gagnant*, Éditions Jouvence, 2003을 참고하라.

2 2020년 10월 16일 콩플랑생트오노린(Conflans-Sainte-Honorine)에서 일어난 사뮈엘 파티 피살 사건.

3 "당신의 돼지를 고발하라"라는 뜻으로 프랑스의 여성 언론인 상드라 뮐러가 사용한 표현에서 유래했다. 여기서 말하는 돼지는 성적 불쾌감을 유발한 남성을 속되게 이르는 말이다.

4 MITCHELL Margaret, *Gone with The Wind*, 1936.

5 진실에 대한 방어 기제는 근친상간이라는 비극에서 종종 작용한다. 완벽하고 화목한 가정의 신화가 피해자의 침묵을 토대로 삼는 것이다. 그래서 진실이 밝혀지는 상황에서조차 피해 아동은 말을 아끼거나 사태를 축소해야 한다는 압박에 시달린다. 그러지 않으면 가정이 말 그대로 박살 난다고 생각하기 때문이다.

6 ROSE Stéphane, *En finir avec le couple*, Éditions La Musardine, 2020.

6장

1 2000년 기준 전쟁으로 인한 사망 인구는 전체 인구의 1.5퍼센트 수준이다. 교통사고로 인한 사망 인구는 2.25퍼센트, 자살 인구는 1.45

퍼센트다.

2 TINOCO Carlos, BLASCO Philippe & GIANOLA Sandrine, *Les* 《*surdoués*》 *et les autres*, J.C. Lattès, 2018.

3 처음, 혹은 어쩌다 한 번씩 게임을 하는 사람은 패를 잘못 뽑았다고 무르고 싶어 할 수 있다. 게임을 제대로 하는 사람은 패가 자기에게 유리하게 들어올 수도 있고 불리하게 들어올 수도 있음을, 판이 바뀌면 또 달라질 수 있음을 이해하고 수용한다.

4 최근에도 사관학교에서 신입생 신고식을 빙자하여 (한밤중에 수온 10도의 강을 헤엄쳐서 건너게 하는) 어리석은 가학 행위와 익사 사고가 발생했다.

5 DIOME Fatou, *Le ventre de l'Atlantique*, éditions Anne Carrière, 2003.

7장

1 이 원칙들은 제니 라보르드가 정리한 것이다. Génie Laborde, *Influencer avec intégrité*, InterÉditions, 2012.

8장

1 장폴 브리겔리 (Jean-Paul Brighelli)는 프랑스의 교사이자 에세이스트다. 특히 그의 저서 《바보공장(La Fabrique du crétin)》(Gallimard, 2005)은 현 교육 시스템을 비판한 내용으로 잘 알려져 있다.

2 참고 문헌을 보라.

3 TINOCO Carlos, BLASCO Philippe & GIANOLA Sandrine, *Les* 《*surdoués*》 *et les autres*, op. cit.

4 https://www.les-schizophrenies.fr

5 NUSBAUM Fanny, REVOL Olivier et SAPPEY-MARINIER

Dominic, *Les Philo-cognitifs*, Odile Jacob, 2019.

6 NUSBAUM Fanny, REVOL Olivier et SAPPEY-MARINIER Dominic, *Les Philo-cognitifs*, op. cit.

7 리처드 바크의 소설 《갈매기의 꿈》은 일종의 성장소설이다. 비행에 열의가 남다른 갈매기 조나선 리빙스턴은 공중회전과 초저공 비행 기술이 지나치게 뛰어난 탓에 갈매기 무리로부터 배척당한다. 그는 위대한 갈매기들에게로 나아가게 되는데……. 정신적 과잉 활동인 들에게 특히 와 닿을 멋진 이야기다.

8 ROVERE Maxime, *Que faire des cons? Pour ne pas en rester un soi-même*, op. cit.

9 표도르 도스토옙스키, 《온순한 여인/우스운 사람의 꿈》, 김정아 옮김, 지만지, 2018.

10 에드윈 애벗이 1884년에 출간한 우의적 소설 《플랫랜드》는 이차원 평면의 세계에 사는 사각형이라는 인물의 이야기를 담고 있다.

11 HORIOT Hugo, *Autisme: j'accuse*, Éditions de l'Iconoclaste, 2018.

12 DENEAULT Alain, *La Médiocratie*, Lux éditeur, 2015.

13 VELLA Marc, Éloge de la fausse note, Éditions Le Jour, 2012.

마치며

1 질 볼트 테일러, 《나는 내가 죽었다고 생각했습니다》, 장호연 옮김, 월북, 2019.

2 MOLIÈRE, *Le Misanthrope*, 1666.

3 ROSTAND Edmond, *Cyrano de Bergerac*, 1897.

참고 문헌

- ABBOTT Abbott Edwin, *Flatland*, Librio, 2013.
- ABERKANE Idriss, *Libérez votre cerveau*, Robert Laffont, 2016.
- ALVAREZ Céline, *Les Lois naturelles de l'enfant*, Les Arènes, 2016. 《아이의 뇌는 스스로 배운다》, 이세진(옮김), 열린책들(2016)
- ALVAREZ Céline, *Une année pour tout changer*, Les Arènes, 2019.
- AUDIBERT Catherine, *L'Incapacité d'être seul*, Payot, 2008.
- BACH Richard, *Jonathan Livingston le goéland*, J'ai lu, 2003.
- BACH Richard, *Illusions ou le messie récalcitrant*, J'ai lu, 1986. 《환상: 어느 마지못한 메시아의 모험》, 신인수(옮김), 온마음(2022)
- BAILLARGEON Normand, *Petit cours d'autodéfense intellectuelle*, Éditions Lux, 2005.
- BEAUVOIS Jean-Léon, JOULE Robert-Vincent, *Petit traité de manipulation à l'usage des honnêtes gens*, PUG, 2014.
- BERNE Éric, *Que dites-vous après avoir dit bonjour?*, Tchou, 1977.
- BOLTE TAYLOR Jill, *Voyage au-delà de mon cerveau*, J'ai lu, 2009.
- BRIGHELLI Jean-Paul, *La Fabrique du crétin*, Gallimard, 2005.
- CATRON Mandy, *Comment tomber amoureux d'un parfait inconnu*, MASSOT Éditions, 2019.
- DENEAULT Alain, *La Médiocratie*, Lux éditeur, 2015.
- DISPENSA Joe, *Rompre avec soi-même*, Guy Trédaniel éditeur, 2020.

- DOSTOÏEVSKI Fiodor, *Le Songe d'un homme ridicule et autres récits*, *Folio classique*, 2010. 《온순한 여인/우스운 사람의 꿈》, 김정아(옮김), 지만지(2018)

- DUPAGNE Dominique, *La Revanche du rameur*, Michel Lafon, 2012.

- DUPAGNE Dominique, *Le Retour des zappeurs*, Auto-édition, 2013.

- FARRELLY Franck, *La Thérapie provocatrice*, Le Germe Satas, 2000.

- GONTCHAROV Ivan, *Oblomov*, Le Livre de poche, 1999.

- GUITRY Sacha, *Pensées, maximes et anecdotes*, Le Cherche Midi, 2013.

- HAAG Christophe, *La Contagion émotionnelle*, Albin Michel, 2019.

- HARARI Yuval Noah, *Sapiens. Une brève histoire de l'humanité*, Albin Michel, 2015. 《사피엔스》, 조현욱(옮김), 이태수(감수), 김영사(2023)

- HORIOT Hugo, *Autisme: j'accuse*, Éditions de l'Iconoclaste, 2018.

- LABORDE Génie, *Influencer avec intégrité*, InterÉditions, 2012.

- LAMARE Patricia, *La Théorie de la désintégration positive de Dabrowski*, Sens et Lien, 2017.

- MITCHELL Margaret, *Gone with The Wind*, 1936.

- MOLIÈRE, *Le Misanthrope*, 1666.

- NEIRYNCK Jacques, *La Grande Illusion de la technique*, Éditions Jouvence, 2013.

- NOTHOMB Amélie, *Stupeur et tremblements*, Albin Michel, 1999. 《두려움과 떨림》, 전미연(옮김), 열린책들(2014)

- NUSBAUM Fanny, REVOL Olivier et SAPPEY-MARINIER Dominic, *Les Philo-cognitifs*, Odile Jacob, 2019.

- PESSOA Fernando, *Le Livre de l'intranquillité*, Christiane Bourgois Éditeur, 2004.

- PLUCHET Blandine, *La Physique quantique pour les nuls en 50 notions clés*, Éditions First, 2018.

• ROSE Stéphane, *En fi nir avec le couple*, Éditions La Musardine, 2020.

• VERE Maxime, *Que faire des cons? Pour ne pas en rester un soimême*, Flammarion, 2019.

• SCHMITT Éric-Emmanuel, *La Secte des égoïstes*, Le Livre de poche, 1996.

• SCHOVANEC Josef, *Voyages en Autistan*. Chroniques des 《Carnets du monde》, Pocket Éditions, 2017.

• SÉMÉRIA Eudes, *Le Harcèlement fusionnel*, Albin Michel, 2018.

• SÉMÉRIA Eudes, *Les Pensées qui font maigrir*, Albin Michel, 2019.

• STEINER Claude, *Le Conte chaud et doux des chaudoudoux*, InterÉditions, 2018.

• TAMMET Daniel, *Embrasser le ciel immense*, J'ai lu, 2010.

• TINOCO Carlos, BLASCO Philippe et GIANOLA Sandrine, *Les 《surdoués》 et les autres*, J. C. Lattès, 2018.

• VELLA Marc, *Éloge de la fausse note*, Éditions Le Jour, 2012.

• WATZLAWICK Paul, *La Réalité de la réalité*, Points, 2014.

• WERBER Bernard, *Les Thanatonautes*, Albin Michel, 1994. 《타나토노트》1·2권, 이세욱(옮김), 열린책들(2000)

• WINCKLER Martin, *Les Brutes en blanc*, Points, 2017.

• YALOM Irvin, *Thérapie existentielle*, Galaade, 2008.

• ZELAND Vadim, *Transurfing, Modèle quantique de développement personnel*, Éditions Exergues-Pierre d'Angle, 2010.